不安分的历史

说古人不躁动

孙　浩◎编著

Bu Anfende Lishi

同现代人一样，心中都会有一部分「不安分」的涡。就在这「不安分」的因子作用下，上至帝王将相，下至隐士布衣，历史中的这些男男女女让历史变得惊涛骇浪，让人回味无穷。

中国华侨出版社

图书在版编目（CIP）数据

不安分的历史：谁说古人不躁动/孙浩编著. —北京：中国华侨出版社，2012.9（2014.11修订版）
ISBN 978-7-5113-2642-3

Ⅰ.①不… Ⅱ.①孙… Ⅲ.①中国历史-通俗读物
Ⅳ.①K209

中国版本图书馆CIP数据核字（2012）第159273号

●不安分的历史：谁说古人不躁动

编　著/孙　浩
责任编辑/棠　静
封面设计/纸衣裳书装
经　销/新华书店
开　本/710×1000毫米　1/16　印张16　字数180千字
印　刷/北京一鑫印务有限责任公司
版　次/2012年9月第1版　2019年8月第3次印刷
书　号/ISBN 978-7-5113-2642-3
定　价/32.80元

中国华侨出版社　北京朝阳区静安里26号通成达大厦3层　邮编100028
法律顾问：陈鹰律师事务所
编辑部：（010）64443056　64443979
发行部：（010）64443051　传真：64439708
网　址：www.oveaschin.com
e-mail：oveaschin@sina.com

前言

在这个纷纷扰扰的大千世界里，人们常常感叹现在的社会实在太累人，开始羡慕起古人生活的单纯。但是当我们细细地品味历史的时候，才发现古人并不比现代人生存得容易。古人同今人一样，心脏中都会有一部分“不安分”的血液在流淌。就在这“不安分”的作用下，上至帝王将相，下至隐士布衣，历史中的这些男男女女让历史变得惊涛骇浪，让人回味无穷。

以铜为镜，可整衣冠；以人为镜，可知得失；以史为镜，可知兴替矣。历史是一面镜子，也是一本深刻的教科书，它可以为现代人树立典范，亦可以对现代人予以警示。《不安分的历史》这本书主要是通过对古代一些“不安分”的人物典型予以再现，通过人物所流露出的感情产生激烈的碰撞，无论是先秦的战乱纷飞、群雄争霸，汉朝的文景之治、丝绸之路，还是盛唐的公主出嫁、歌舞升平，宋末的骨肉分离、词人思瘦，我们在历史这片海滩上一步一步地前行，拾起古人留给我们的记忆。历史自始至终便是一首唱不完的歌，它是由大自然来作词，人类来谱曲，农民和领袖同样唱得出转音，差别只在于秦始皇转得大一点，而陈胜转得小一点，如此一来五线谱便写满了前辈们的功底，有华美的霓裳羽衣曲，也有悲凉的骊山怀古，每一个词都是历史的赐予，每一个音符都是感人的触摸。

谁说历史平静得如一潭死水？这些言辞只不过是今人对自己不得意的生活的一种自我安慰。安慰是需要有的，但是过分的自我安慰便是逃避，我们应该做的便是真正地了解历史、正视历史，并从中得出经验和教训，而不是掩耳盗铃。从历史中走来，从现实中走来，从梦境中醒来。法国的雷蒙·阿隆说过：“历史是一出没有结局的戏，每个结局都是这出戏的新情节的开始。”历史从未停止，我们现在的所作所为便是后人的历史。在历史这场轮回中，又有谁愿意让悲剧轮回下去，把厄运传递下去？所以历史里便有了白手起家与家道中落，也有了王朝更迭！

这本书用最平实的语言、最典型的人物描述出了古代人的生活和内心活动，它有力地反驳了现代人对历史平淡的看法，对人们正视历史起到良好的引导作用。每个典型人物的历史故事增强了每节内容的趣味性，同样在这些历史故事中我们也可以窥知古人处世的真经。这本书不仅向我们展示了历史的不平静，同时也通过这些不平静对我们予以警示和鼓励。

了解历史，感知历史，品味历史，知史、懂史、以史为鉴，这是我们现代人所必须有的态度。

目录

帝王篇——高堂宝座众人欲，谁人安坐不忧心

皇帝的宝座是华美的，它象征着权力，象征着威严，多少人为了登上这个位置，不惜铤而走险。皇帝是不好当的，指点江山、日理万机自不在话下，而环顾四周又何尝不会有危机四伏的不安、杀气腾腾的恐惧？这种不安和恐惧凝结成了一种不可言说的躁动，也使他下定了对威胁到自己的人“宁可错杀，不能放过”的决心，哪怕那个人是自己的挚亲、挚友、挚爱也不会例外，也许王权就是这样残酷，在它的面前没有感情可言。

文臣篇——为官意在展宏图，性情各异命不同

文臣作为中国历史上重要的政治势力，在数千年的文明长河中书写了绚丽多彩的篇章。多少人觊觎它的高度，亦有多少人为它劳苦奔波穷其一生。为官者意在大展宏图，然而性情各异命不同，并不是所有的意念都能够为当权者所识所用。这种落差激荡了太多为臣者的躁动，他们是幽怨的、是愤恨的。他们有为官者的光芒，有为臣者的忠义，却为护其主而无法独善其身，所谓“臣不密则失身”，多少文臣含冤陨落，只能为后人所叹息。

武将篇——作战英姿挥侠胆，动荡何曾不纠结

所谓“千军易得，一将难求”，为将不是匹夫之勇，他们为了保家卫国抛头颅洒热血，他们雄才胆略，战功显赫。贵而不骄，胜而不恃，贤而能下，刚而能忍，此为将才。君主视重兵在握的他们为隐患，一生戎马、精忠报国得到的却是猜忌怀疑，得不到重用，抑或受奸人所妒，受尽暗算，他们失落、抑郁、苦闷。于其本身，身居要职的他们并非都能够一直戒骄戒躁，最终自毁前程，一失足便铸成千古遗恨都亦大有人在。

诗人篇——挥洒墨泪尽情怀，尽书此生怨愤词

他们是文坛的启明星，他们通过诗歌创作、吟咏抒发激情，通过诗歌讴歌祖国大好河山，通过诗歌鞭挞社会丑恶，通过诗歌传颂人间真善美。古人的人生不能抄袭，但可以借鉴；古人的人生不能复制，但可以创造。走进经典，便是走进古人的人生；走进古人的思想，便是走进了喜怒哀乐、嬉笑怒骂的大千世界。也许只有忧郁的情怀、空怀抱负的遗憾，才能激荡起他们内心的躁动，留下千古佳句；使他们的思想和智慧能够穿越时空，走到今天。

布衣篇——一生屈苦铸叛逆，身聚博才甘为民

他们没有高官厚禄，没有家财万贯，但他们不畏于势，不惑于世，不弃尊严，孤守怀疑、叛逆、自由而旷达。他们心怀布衣精神，心怀以天下为己任的责任感：“退则独善其身，进则兼济天下。”他们重视布衣之操、布衣之礼：贫贱生杀不能去其志，抱着济世天下的理想，又不趋炎附势。面对世事的不公，社会的残酷压迫，他们压抑气愤却无可奈何，正是这种复杂的内心躁动迫使他们有了一种潇洒从容的气息隐约其间，不亢不卑，傲骨天然，有了“天子呼来不上船”的气节。

女人篇——古来女儿命多舛，爱恨跌宕脂泪间

她们有沉鱼落雁之美，有闭月羞花之容。她们轰轰烈烈聚集了各种兴衰成败、浪漫悲情，风云际会因她们而搅动。但是生在男权社会中，她们是悲切的，面对国家的需要，有的人只能放下自己的情感，背井离乡，以自己的女儿身投入了残酷的政治斗争，为男人的政治利益作出了牺牲。封建社会又是残酷的，在男权社会的束缚下，她们无法左右自己的命运，封建的礼数压抑着她们的情怀，搅乱了她们的神经，促使有的人向名利高呼，向富贵张开臂膀。

隐士篇——抛开世俗寻净土，只因意冷心也寒

放浪形骸的生活方式，谈尚玄远的清谈风气，逃避现实的心态，远离政治，避实就虚，探究玄理，乃至隐逸高蹈，陶醉其中而怡然自得。孔子云："邦有道则仕，邦无道则隐。"多少能人义士不堪权贵的迫害，不为财富权势所动容，他们有振衣而归的高士情怀，大隐于市换得自由之身。他们大都怀才而不遇，有抱负而难以施展，一生坎坷难得志，无奈只得用闲云野鹤的生活去安抚他们对世事的愤恨，抚平他们内心的躁动，还一身傲骨，大隐于山林。

帝王篇

——高堂宝座众人欲，谁人安坐不忧心

皇帝的宝座是华美的，它象征着权力，象征着威严，多少人为了登上这个位置，不惜铤而走险。皇帝是不好当的，指点江山、日理万机自不在话下，而环顾四周又何尝不会有危机四伏的不安、杀气腾腾的恐惧？这种不安和恐惧凝结成了一种不可言说的躁动，也使他下定了对威胁到自己的人“宁可错杀，不能放过”的决心，哪怕那个人是自己的挚亲、挚友、挚爱也不会例外，也许王权就是这样残酷，在它的面前没有感情可言。

秦始皇：雄才武略统天下，暴政自毁秦江山

人物浅谈

他有荣夺九鼎之决心，有横扫六国之气势，他有订立集权制度之才智，有全面统一六国之决断，他有修筑长城之魄力，有征南越、击匈奴之胆识，他就是有着千古一帝之称的始皇帝。得天下的不易让他对帝王之位近乎痴狂，他怀贪鄙之心，行自奋之智，不信功臣，不亲士民，仁义不施。他的内心是躁乱的、不安的，由于他的不安，多少无辜百姓面临牢狱之灾，多少文人儒生血流成河。由于他的欲望，不惜倾其国力炼制不老仙丹，筑造规模强大的陵墓帝国，这一切的一切都为秦王朝悲惨的命运埋下了伏笔。残暴的统治并不会带来稳固的江山，反而会尽失民心；城墙堆砌得再高也会因众民的怒火付之一炬，土崩瓦解。就这样，这位始皇帝传世千秋万代的梦想破灭了，短短10余载的时间这个躁动的皇帝就成为了千古的笑柄，也成为了历代君王用来警戒自己的反面典型。

历史的躁动

秦始皇统一六国，结束了春秋战国以来长期诸侯混战的局面，建立了中国历史上第一个统一的多民族国家，开创了中华民族国家统一的新纪元。连年的征战，使秦始皇更加在意这来之不易的江山，他的内心早已被躁乱的心绪所扭曲。他穷奢极欲，横征暴敛，赋税沉重，倾其国力炼制不老丹药。大兴土木，修建阿房宫、骊山陵等，使得百姓的徭役负担沉重。在文化上，他焚书坑儒，使得中国古代文化受到了沉重的摧毁。他还制定了严酷的刑法，使百姓苦不堪言。残酷的统治或许可以掩饰他躁动的内心，却带不来稳固的江山，十几年后秦王朝这颗璀璨的明星在尽失民心后黯然陨落了。这与这位开国皇帝躁动的心绪、暴躁的性情有着千丝万缕的联系：

1. 穷奢极欲

秦始皇不仅修建豪华宫殿供他享受，而且还为其死后准备了同样富丽堂皇的陵墓，由此便有了他苦心经营数年的宏伟工程——骊山墓。兴建这些大规模的工程，所消耗的人力、物力资源是相当惊人的。另外他在统一六国之后，便纵情享乐，贪恋酒色，“后宫列女万余人，气上冲于天”。

从连年的征战到他一统的国家，秦始皇最终没有战胜他内心的躁乱，却自甘堕落了，最高统治者如此奢靡享乐，他的下属自然也是上行下效了。那些地主阶级的新贵，他们也是宫室、车马、衣服、苑囿驰猎，恣其所好。秦王朝的迅速衰败直至走向灭亡，不能不说是与统治集团的这种沉醉于歌舞升平、纵情享乐息息相关的。建造华丽的宫殿、陵墓，无疑会花费太多的人力和物力，必然会增加百姓的税赋和徭役负担。朝野上下奢靡享乐，完全不去考虑百姓生活，反而刑罚严酷，百姓苦不堪言，这无疑激起了民愤，使千古一帝尽失民心，使江山摇摇欲坠。

2. 焚书坑儒

当时正值战国纷扰的时代，在思想以及文化上亦是百家争鸣，况且秦国也是推行和实践法家思想与政策最甚的国家，再加之秦始皇激情地投入其中，所以当其兼并六国、一统天下之时，为了加强专制统治和思想统治，顺其自然地做了这么件让人胆寒又具有争议的“焚书坑儒”来。

我们不得不说秦始皇是有所考虑的，他畏惧人言，更不允许得来不易的江山不稳，殊不知他虽一时控制了知识分子的思想，稳固了统治，短时间内得到了成功，但就其长远来说并不利于国家的长治久安。他钳制了当时人们的思想，试问不能广集民意，又何谈发展？并且手法残忍、残暴，给人民带来了沉重的灾难。除此之外，他摧残了文化，也对我国的文化造成了巨大的损失。

3. 求神问药

秦始皇为求不死之身，多次派人去寻访不死之药，从开始的徐福渡海，到后来求不死药成为一些人的谋财之道。秦始皇为了不死之药可谓费尽心思，劳民伤财，可最终也未能如愿，秦始皇还是病死在巡游的路上，死时也仅50岁。

生老病死本就是一个亘古不变的自然规律，然而当人坐上帝王宝座，达到人的欲望巅峰时就忽略了不变的真理。他们被欲望冲昏头脑，为躁动不安的心绪所羁绊，他们内心渴求着自己能够在至高的位置上坐得更为久远。然而，无论是帝王还是平民，都无法逃脱死亡的命运。始皇帝想要万年长生，违背自然，是根本无法实现的。

今人品读

秦始皇统一六国，建立了我国第一个中央集权的国家，在诸多方面开创了统治先河，不得不说他是一个拥有雄才大略的政治家。然而这位政治家的躁动之心在历史上也是相当地明显。我们在承认他的功劳的同时，也不得不对他那些残酷的暴政、悦己的享乐、不安的屠杀而感到不寒而栗。从当今的视角看来，秦帝国的兴盛是因为他的雄才和胆识，而秦帝国的衰落却是由于他的狂傲和躁动。

回顾这位王者的人生轨迹，着眼当今社会的大众心理，时代虽然前进了，但世间也并不缺乏与之脾气秉性相似的人存在。他们往往有远见卓识，拥有打江山的魄力和胆识，敢于冒险，敢于应对挑战，这些优秀的特质使他们很容易获得成功的青睐。然而当成功来临的时候，他们的情绪却又展现出了另一番波动，他们张狂，把任何事情都不放在眼里，他们的世界里只有自己，没有别人，为了自己的利益不惜断送了别人的希望。就算是一切都已经拿在手里，内心还是少不了诸多的猜忌和不安，这样的心绪，与当年始皇帝的悲哀真可谓是如出一辙。

由此看来，人生要想将成功恒久地保持下去，首先就要让我们自己的心淡定下来。面对挑战我们需要王者的霸气，但是成功之后我们也要时刻提醒自己抛开嚣张和狂傲。我们要知道，今天的成功来之不易，想守住它，就要时刻对自己保持清醒的认识，与身边的人平等相待，多为别人考虑，不要心里只有自己。正所谓“水能载舟，亦能覆舟”。秦始皇的衰败在于他一味的躁动，忽略了众人的感受，屠杀了别人的未来，倘若他头脑清醒，本着一颗爱民如子、为民谋福的心，恐怕历史将会是另外一番场景了。

总而言之，古人也罢，今人也罢，为人还是低调为好，过于嚣张和自私早晚会给自己带来意想不到的祸患，这是必然中的必然。

名家点评

一夫作难而七庙隳，身死人手，为天下笑者，何也？仁心不施，而攻守之势异也。

——西汉·贾谊《过秦论》

自春秋中叶以还，奴隶逐渐得到自由，向来的奴隶主大多数失掉了他的优越地位，零落了下来，秦始皇则依然站在奴隶主的立场。秦始皇把六国兼并了之后，是把六国的奴隶主和已经解放了的人民，又整个化为了奴隶。

——郭沫若

汉武帝：治国有方屈一指，心疑不安诛亲人

人物浅谈

汉武帝开创了西汉王朝最为鼎盛繁荣的一个时期，那一时期也是中国封建王朝中的第一个发展高峰。他雄才大略、文治武功，使得汉朝一度成为了当时世界上最为强大的国家。他敬奉儒学为官方的学说，更是强化了中央集权的体制。他能够拓疆开土，并逐步地打开了在中西交流上那条具有深远意义的“丝绸之路”。然而权力遮住了他迷离的双眼，地位搅乱了他的心智，他虽是一位明君，深知自己的历史责任；他亦是一位暴君，杀伐任性，薄情寡恩，刚愎自用，残暴多疑，而且还迷信巫蛊。汉武帝既立下盖世之功，却又给天下苍生带来巨大灾难。为巩固帝位，他不惜逼死自己的皇后、皇子。为保千秋基业，他杀掉了他宠爱喜欢的女人。他绝顶聪明，又异常糊涂，为了虚渺的帝位忽视了人间的真情。

历史的躁动

汉武帝是一位千古明君，他创造了中华民族发展史上的数个第一，他独尊儒术，设立中朝、抑制外朝，他建立年号、太初改历、盐铁官营。他通西域、创太学。他成就了中国历史上第一份帝王罪己诏，这就是《轮台罪己诏》。也许帝王的位置带给了他太多的疑惑，权力的纷争使他丧失了心智。他同时也是个暴君，他听信谗言，相信巫蛊之术，背弃自己的亲人，逼迫着皇后、太子走上了不归之途。晚年立太子杀其母，只因他为保千秋基业，以免他死后出现太后专权的局面，不得不说其心狠手辣。他被后世史学家司马光在《资治通鉴》里描述为“穷奢极欲，繁刑重敛，内侈宫室，外事四夷。信惑神怪，巡游无度。使百姓疲敝起为盗贼，其所以异于秦始皇者无几矣”。

1. 巫蛊之祸

巫蛊之祸是汉武帝统治末年发生的重要的历史事件。汉武帝同当时的人们一样，对神怪诅咒之事深信不疑。野史记载，某日中午，汉武帝正躺在床上睡觉，不料在梦中看见了几千个手持棍棒的木头人朝他打来，他被噩梦惊吓醒了。他便以为是有人在诅咒他，遂即派江充去追查。被捕之人，被施以铁钳烧灼之刑，强迫其认罪，从京师长安、三辅地区一直到各郡、国，因此而丧命的先后共有数万人。然而不仅百姓、朝臣受其残害，连皇后卫子夫和太子都在劫难逃，前不能见君王申辩，后被奸人逼迫，才子弄父兵，最终皇后、太子都不能自白而自杀身亡。

再精明的汉武帝也不能压抑住自己内心的那份躁动的心绪。天平两边，一边是至高无上的皇位，另一边是亲情，然而他悸动的心早已迷失在了权力的旋涡里不能找到归途。他亲信小人，误信谗言，置百姓的安危于不顾，他不了解君王之心不可躁，与民同乐国可昌的道理，面对大权，他却宁可相信自己的亲人觊觎皇权对其不利。正所谓君应爱民如子，他连自己的儿子都不信任可以舍弃，更何况对待千万百姓。加之连年征战，百姓一度苦不堪言，起义频发。

2. 立子杀母

汉武帝统治末年，他请画工画了一张“周公背成王朝诸侯图”送给霍光，意思是让霍光辅佐他的小儿子刘弗陵做皇帝。然而汉武帝觉得子幼而母壮，为了防止太子那位年轻的母亲钩弋夫人重新演绎吕后称制的局面，汉武帝便狠下心找借口处死了钩弋夫人。

在汉武帝的刀下躺满了冤死的亡魂，这些都是他为了巩固皇权、维护皇位的政治牺牲品，他登上了欲望的最高峰，他内心是惶恐的，如此残厉的做法，是不能为后世宗族树立典范的。他对钩弋夫人的所作所为，固然对维护汉朝千秋基业的大局有利，即便如此，对于钩弋夫人本人来说，却实在是残忍无情。专制统治下帝王薄情冷血的心性，在汉武帝掩饰自己内心躁动不安的举动下暴露无遗。帝王心态，亦然狠忍异常，所谓“昭然远见，为后世计虑”，以致如此，足以可见当政之人出于其政治目的时可以表现出个人情感的严重异化。

今人品读

汉武帝雄才大略，重用人才，开拓创新，不拘一格。他创下了中华民族发展史上的数个第一，汉武大帝顺应了历史的潮流去奋力变革图新，使得西汉完成了大一统，并由此进入鼎盛时期。不可不说他是一位千古明君，然而就是这样的一位圣主，他晚年的躁动，杀伐任性，却让百姓寒心，亲人背离。身为后人的我们，在肯定其功绩的同时，不得不对其过失进行反思。

历史是一面镜子，透过历史着眼于现在的人与事，揣度现在的人情世故，我们不难发现现在的人情在面对名利的时候依然显得那么苍白无力。权力和金钱就像一根巨大的金箍棒搅乱了世人平静的心海，当人们在为自己所向往的一切打拼时，往往会把情意看重，就像汉武帝早期连年讨伐匈奴重用卫青，加官进爵，三个幼子都封侯，然而皇位得到了巩固后却开始心存疑虑于身边的人，卫青到了晚年，非常凄惨，三个儿子都失侯，其长子被杀。由此，我们可以说汉武帝既是一代明君，也是一个暴君。说汉武帝是一代明君，是因为他知道其自身所应承担的历史责任；说他是一位暴君，则缘于他杀伐的任性。

汉武帝的晚年杀戮太过，因此颇思悔悟。当时李广利伐匈奴的不利，致使全军覆没，有求神仙又不成，又因巫蛊之祸而造成了父子相残，另有太子刘据的自杀，这种种打击使得武帝开始心灰意冷，也由此对自己过去的所作所为颇有悔意。然而连年的征战使百姓苦不堪言，心寒意冷，任性的杀戮使自己的儿子含冤而死，这都是难以弥补的伤痛，这些都在警示着现在的人们勿要违天理而拂人情。面对名利，万不可做出既不合天理又背离人情的事情。倘若武帝当时没有那么多的疑虑，也不会被后人评价为“武帝此举，残忍不经，殊非正家裕后之义”。做人应本着一颗仁义之心，不能为了一己私欲断送了他人的未来。

名家点评

孝武纂极，四海承平。志尚奢丽，尤敬神明。坛开八道，接通五城。朝亲五利，夕拜文成。祭非祀典，巡乘卜征。登嵩勒岱，望景传声。迎年祀日，改历定正。疲耗中土，事彼边兵。日不暇给，人无聊生。俯观嬴政，几欲齐衡。

——唐·司马贞

武帝雄才大略，非不深知征伐之劳民也，盖欲复三代之境土。削平四夷，尽去后患，而量力度德，慨然有舍我其谁之想。于是承累朝之培养，既庶且富，相时而动，战以为守，攻以为御，匈奴远遁，日以削弱。至于宣、元、成、哀，单于称臣，稽玄而朝，两汉之生灵，并受其福，庙号“世宗”，宜哉！

——清·吴裕垂

唐玄宗：本可中兴为圣主，却为美人倾天下

人物浅谈

世人都说，他可以知人善任，赏罚分明，且办事干练果断。他励精图治，任用贤臣，革除弊害，鼓励生产，经济发展，他开创了中国历史上最为强盛繁荣、流芳百世的“开元盛世”。早期的唐玄宗的一系列的有效措施使得唐朝的政治、经济和文化都得到了新的发展，甚至超越了他的先祖唐太宗，然而开创了盛世之后，唐玄宗并没有珍惜他来之不易的江山，他逐渐开始满足了，沉溺于享乐之中。他丧失了先前励精图治的精神，也失去了改革时的节俭之风。取而代之的是他的骄奢淫逸，终日只顾与杨贵妃游乐，亲小人远贤臣，不理朝政。他最终为他内心的躁动付出了沉重的代价，爆发了“安史之乱”，美人、皇位尽失，唐朝也由此转衰。

历史的躁动

唐玄宗前期知人善任，重用贤臣，他励精图治，社会经济得到了充分发展，出现了封建社会前所未有的盛世景象。然而玄宗统治后期，却逐渐沉湎于酒色，荒淫无度，更加荒唐的是他重用奸臣，从而致使政治腐败，因而最终爆发了“安史之乱”。所以人们说唐玄宗开创的“开元盛世”流芳百世，是中华五千年文明史中最为辉煌的一面。然而他统治时期“安史之乱”的出现，却同样击碎了这个无与伦比的盛世。从而造就了两个极端相反的局面，是唐玄宗把唐朝推向了统治的最顶峰，却也是他把那最令人骄傲的一面一步步推向衰败。是他使大唐皇朝从此日薄西山，气息奄奄。成也玄宗，败也玄宗。所以说，唐玄宗是功与过都十分突出的一代君主。

1. 娇宠贵妃

众人皆知唐玄宗的宠妃“后宫佳丽三千人，三千宠爱在一身”的杨贵妃有着倾城倾国之美，她天生丽质，又精通音律，擅歌舞，善弹琵琶。贵妃的地位仅次于皇后，但那时玄宗并没有册立皇后，所以当时的杨贵妃在实际上就是唐玄宗的皇后了。玄宗对她恩宠备至，还将她称赞为自己的“解语之花”。唐玄宗费尽心机仅为博得美人欢心，玄宗为了迎合杨贵妃喜欢衣着打扮的心理，配备了700多人专门为她做衣服。书中记载的杨贵妃出生于南方，因而她也喜食荔枝，为了让她吃上更加新鲜的荔枝，唐玄宗下令开辟了从岭南到长安的几千里的贡道，劳民伤财，仅为了方便荔枝能及时地用快马运到长安。自从有了杨贵妃，朝野上下的奢侈之风越来越盛，王臣贵族、达官贵人为了讨好皇帝，争相投贵妃之所好，果不其然能使她高兴的人都升了官，这便刺激更多的官僚贵族谄媚逢迎，争献美味佳肴、奇珍异宝。

开元盛世之后，玄宗没有秉承他即位之初的励精图治，成了爱美人不惜江山的昏君。天宝年间的玄宗沉溺于歌舞升平之中，他没有认识到“得江山易，守江山难”的道理，他站在天下人之上，却不为天下人谋福。他的内心是躁乱的，因为这份躁乱使他逐步地转化成为了一个贪图逸乐的昏庸无道的皇帝，他挥霍浪费，用不知节。为博美人一笑，不惜千金，却置百姓于危难而不顾。从玄宗的励精图治到他的骄奢淫逸，再从开元盛世到功败垂成。这一切看起来都那么不可思议却又顺理成章。虽然安史之乱后赐死了杨贵妃，但是李唐天下就此转向衰败，早已成不争的事实。而玄宗早期的光芒也被这一败笔而湮灭。

2. 爱屋及乌

自从杨贵妃得到了玄宗的宠幸，杨氏一族便开始飞黄腾达。玄宗为了取悦美人，她的大姐被封为韩国夫人，二姐被封为虢国夫人，三姐被封为秦国夫人。更值得一提的是杨贵妃的哥哥杨国忠也得以平步青云，一步登天，做上了唐朝的宰相，身兼四十余职。一时之间杨国忠的权势也变得无人能比。杨国忠在朝中一手遮天，造成朝廷混乱。遭遇自然灾害，百姓苦不堪言，他却对玄宗报喜不报忧，阻塞朝廷。兄妹二人在唐玄宗面前一唱一和，尽享荣华富贵。但是二人的辉煌也同时为他们日后的悲惨结局埋下了伏笔。到安史之乱，玄宗出奔，途中杨国忠被乱刀砍死，杨贵妃被缢死。

杨氏一门凭借着玄宗对杨贵妃的专宠，在朝中兴风作浪、胡作非为，玄宗却对其过于信任，远贤臣亲小人，罢免良相张九龄。杨国忠不仅没有李林甫的才干，并且更为贪污腐败，玄宗的天下被杨氏兄妹弄得乌烟瘴气，局面不可收拾，直至杨国忠和手握重兵的范阳节度使安禄山之间发生了冲突，安禄山因而决心先发制人，发动了叛乱。李唐的天下险些毁于一旦，玄宗为他的躁乱昏庸、骄奢淫逸、不思朝野付出了惨痛的代价。

今人品读

唐玄宗统治前期的开元之治可称之为唐朝的极盛时期，这与他当时励精图治、任用贤能、发展经济、提倡文教，有着密切联系。前期的玄宗一心效仿太宗想做一位明君，但创下了治世之后玄宗的内心动摇了，他开始安逸于现状，不思进取，尤其当他专宠于杨贵妃之后，任用奸臣，不理朝政，天天沉迷于歌舞升平之中不能自已，最终各种矛盾激化，爆发了“安史之乱”，唐朝盛极而衰。玄宗创下的辉煌被晚期的败笔扫过，人们更多地记住的是他为美人险些葬送了李唐天下。

回顾玄宗的一生，可谓大起大落，是他把唐朝推上了最为鼎盛的时期，又同样是他使唐朝从此一蹶不振，转为衰败。用这样两种截然不同的心态治理国家，玄宗内心的躁动便一览无遗了。直至今日，大千世界中也不乏有着如此秉性的人存在，他们可以创造出常人所开创不出的局面，但是往往虎头蛇尾，做出的最终成绩却不尽如人意。这其中的缘由离不了他们对成绩的过分满足，离不了他们抵御不了途中的种种诱惑。他们有着聪慧的头脑，却没有严于律己的精神，当他们偏离他们的目标，背离了他们的初衷，一切美好便最终走向灭亡。

倘若玄宗当时能够隐忍住内心的躁动，能够持之以恒地爱民如子，发展经济；倘若玄宗没有沉迷于美色，任由杨氏胡作非为，大唐天下不至于会衰败的如此迅速。然而这些都已成为历史，再多的假设都无济于事，但是以史为鉴，它却警示着我们面临成绩要不骄不躁，更需要有着抵抗诱惑的定力，有着足够的辨别是非的能力，在成功的道路上少走弯路。

名家点评

玄宗回马杨妃死，云雨难忘日月新。
终是圣明天子事，景阳宫井又何人。

——唐·郑畋《马嵬坡》

海外徒闻更九州，他生未卜此生休。
空闻虎旅传宵柝，无复鸡人报晓筹。
此日六军同驻马，当时七夕笑牵牛。
如何四纪为天子，不及卢家有莫愁。

——唐·李商隐《马嵬》

昭阳殿里第一人，同辇随君侍君侧。
辇前才人带弓箭，白马嚼啮黄金勒。
翻身向天仰射云，一箭正坠双飞翼。
明眸皓齿今何在，血污游魂归不得。

——唐·杜甫《哀江头》

宋太祖：黄袍披身兄弟情，为己杯酒释兵权

人物浅谈

宋太祖结束了“安史之乱”之后长达两百年之久的诸侯割据且军阀混战的局面，重新恢复了华夏主要地区的统一，开拓了大宋王朝。宋太祖可谓是中国历史上一个承前启后的重要人物。他受武官将士的推崇，黄袍加身。或许皇帝的宝座过于华美，他可以为江山日理万机，却总是感觉自己身边危机四伏、杀气腾腾。这所有的不安都凝结成了不可言喻的躁动。充满权欲和工于心计的宋太祖为防止武将兵变、出现分裂割据的局面，最终上演了一出杯酒释兵权的好戏，昔日的将才纷纷被解除兵权，然而看似平和的解决途径却为日后的统治埋下了更多的隐患。

历史的躁动

赵匡胤成长于军阀割据、连年混战、残酷血腥的战乱时代，他是五代十国的终结者。他开创了一个较为宽松的政治环境，为饱经战乱的天下黎民营造了一个相对平静祥和的生活氛围。他虽本为戎马倥偬的武将，却可以创造出有利于文人文化发展的条件。由于陈桥兵变黄袍加身使他轻易得到帝位，他开始不安于武将手握的重兵兵权，为了抚平他内心的躁乱，消除他内心中日后的隐患，他抛开了为他浴血奋战的兄弟情分，开始扬文抑武，并以杯酒释兵权来消除对其的威胁。看似一时间巩固了他的统治，殊不知这正如卸去了他的左膀右臂。全面推行的“以文驭武”政策，间接地形成了北宋王朝“积弱”源头。

后周时期，赵匡胤为皇帝亲军的最高将领，掌握了后周的兵权。到柴宗训即位时，在后周符太后和宰相范质、王溥等不辨情报真假的情况下，闻北汉和辽国的军队联合南下攻击后周，随即便派赵匡胤统领大军北上御敌。行军至陈桥驿驻宿。次日黎明，以赵匡义和赵普为首的众将士齐声说道："诸将无主，愿请点检做天子。"大家并没有等到赵匡胤来回答，便把早已经准备好了的黄袍披在了他的身上，遂即一齐下拜，高呼"万岁"。赵匡胤就这样在将士的推崇下，南征北战，统一了华夏的主要地区，创立了宋朝，成为了宋朝的国君。时过境迁，荣登宝座的赵匡胤开始担心这些将领觊觎他的皇位而重蹈覆辙发动兵变，这使他寝食难安，于是便上演了"杯酒释兵权"的喜剧。正如宋太祖之意，石守信等声望高又握有重权的将领纷纷称病离职交出兵权，太祖安排他们去地方做了节度使。

我们不得不承认宋太祖"杯酒释兵权"这一策略的实施，能够起到在消弭武人为祸的可能性的同时，也同样在事实上避免了类似于诸多王朝开国后肆意屠戮功臣现象的出现，由此我们也可看出赵匡胤的人格是相对厚道的。但是就其历史影响却远不是如此简单。我们应该一分为二地看待这件事。作为后人的我们纵观两宋历史：宋太祖着力于巩固中央政权的"杯酒释兵权"，对内含有严防的性质，能够直接导致内政腐朽。更加值得注意的是，在外患强烈的时代背景下，为了一己私欲，稳固他的帝位去削夺大将兵权，势必削弱了部队的作战能力。由皇帝直接掌握兵权，任用不懂军事的文官去操控军队，却让武将调动频繁，兵无常将，致使宋朝与辽、西夏、金的战争接连失败，边患无法排解。由此导致的武事不举，积弱不振，最终使两宋亡于社会制度落后于自己的游牧民族，造成了汉族王朝历史上最耻辱的一笔。此外由于"以防弊之政，作立国之法"，导致"冗官"、"冗兵"和"冗费"与日俱增，造成了宋朝积贫积弱的局面，这也成为宋朝最终灭亡的根本原因。

今人品读

宋太祖是五代十国时期的一位终结者，更是大宋王朝的伟大开拓者，是他结束了当时军阀割据混战的局面，可以说宋太祖是我国历史上一个承前启后的重要人物。但是他使权力过分地集中于中央，由此致使地方力量的衰弱，地方上的权力不足以拱卫中央。在军事方面，更是“兵不知将，将不知兵”，这样一来便会极大地削弱军队的作战能力，以至于后来在与北方少数民族的战争中一直都处于劣势；他营造的使各级各部门互相牵制的官制，也降低了办事效率，导致冗官冗政。这些都使他受到后人的指责。

赵匡胤深知陈桥兵变黄袍加身，是他把皇位从幼小的皇帝手中夺来的，所以他生怕有朝一日兵变反叛再次发生在他自己的身上。宋太祖为了安抚他自己内心的躁动不安，强化巩固他尚在襁褓中的赵宋王朝，为了加强他的王权，去猜忌那些曾经把他推向王位、为他南征北战立下战功的将领。他通过采取“收其精兵，削夺其权，制其钱谷”的三大纲领，巧妙地“杯酒释兵权”、“削弱相权”、“罢黜支郡”、“强干弱支”、“内外相维”、“三年一易”、“设置通判”、“差遣制度”等，将军权、行政权、司法权、财政权牢牢控制。由此一举铲平了藩镇割据和武夫乱政的历史状况。所以宋朝300年的历史中从未曾发生大的内乱和地方上的割据，他虽没有像其他君主那样成事后肆意杀戮功臣，但是扬文抑武的做法对于当时的局势就犹如砍断了他的左膀右臂，以后的很多人都认为这些制度为宋朝对外军事上的软弱埋下了祸患。

抛开历史，在日新月异的现代社会，信任更是一个达到双赢的重要途径。不少人拥有了权力和金钱后并不会满足，反而更怕失去，当这种恐惧上升为内心的躁乱时，往往他自己的眼中就只剩下自己，剩下名、剩下利，对他人根本毫无信任可言。可是一个人的力量是有限的，想要去维护、去发展要靠大家、靠集体的智慧和力量，应该着眼于全局，考虑到长远，而不能为当时的一己私欲给子孙后代留下过多的遗憾。

名家点评

祖宗以来，未尝轻杀一臣下，此盛德之事。

——北宋·范仲淹《范仲淹年谱·庆历三年》

太祖勒石，锁置殿中，使嗣君即位，入而跪读。其戒有三：一、保全柴氏子孙；二、不杀士大夫；三、不加农田之赋。呜呼！若此三者，不谓之盛德也不能。

——清·王夫之《宋论》卷一《太祖三》

元太祖：骏马铁蹄争天下，野心杀戮血成河

人物浅谈

成吉思汗是一位后人难以企及的战争奇才，是一位伟大的军事家。他有着逢敌必战的坚韧性格，创造了凡战必胜的奇迹，他将人类的军事天赋穷尽到了极致。曾有人统计过，成吉思汗一生进行了60余次战争，除十三翼之战因实力悬殊主动撤退外，其余万无一失。但是成吉思汗也被许多人看成人类的灾难。他是草原游牧民族对古代定居文明入侵的典范。他的战争源于他内心的仇恨，杀父之仇、夺妻之辱、少年时的种种不幸导致了他整个内心的扭曲，他内心的躁乱不安通过他一生的战争生涯和血腥的屠杀表露无遗。虽然在他的铁蹄下蒙古各部得以统一，他也改写了古代中国的版图，但是连

年的征战带来的是生灵涂炭，他的躁动却让那些无辜的百姓付出了血的代价。

历史的躁动

铁木真生于整个蒙古社会动荡不安的年代，部落与部落之间连年混战，相互仇杀，掠夺和掳掠之风盛行，使得人人不得安宁。铁木真的父亲也速该在一次参加宴会时被世仇的塔塔儿人毒害，铁木真所属的孛儿只斤氏家族迅速衰败，泰亦乌部首领怕成吉思汗长大后重振旗鼓，进行报复，把他抓起来。铁木真可谓受尽了凌辱，但年少时的坎坷遭遇对铁木真坚韧性格的塑造起着至关重要的作用，也对他的思想产生了巨大影响。为了生存、为了报仇他决心与对手作斗争，在铁木真 18 岁的时候，昔日的仇敌蔑儿乞部的脱脱部又掳走了他的妻子。铁木真向蔑儿乞部宣战，打败了蔑儿乞人。他此后的一生都在征战中度过。他内心的躁动都化成了一种征服的欲望。他麾下的铁骑势如破竹，他统一了整个蒙古部落，并把硝烟漫卷到了俄罗斯、阿富汗及印度北部。

西方人曾经认为铁木真是一个冷酷嗜杀的暴君，不可否认，在他的先祖中并不曾有过留下如此可怕名声的人。是他使恐怖变成了一种政体，使屠杀变成了一种蓄意而有条理的制度。他的内心被仇恨所充斥，他的内心早已被征服的欲望搅得天翻地覆。他所到之处必定是横尸遍野、生灵涂炭，他让无辜的百姓为他赫赫战功付出了沉重的代价。曾有人描述："在广袤的欧亚大陆，成吉思汗已经成了战无不胜的神，对手无不闻风丧胆，屈服于脚下。"

提起暴政，这位蒙古征服者所强制推行的集体处死是能够构成他整个战争体系中一部分的。这种方式是古代游牧民族使用的一种强有力而残酷武器，去拿来对付一些没有及时投降的定居民族，更是去对付那些投降之后却又反叛的民族。令人担忧的是，这位游牧民族的统治者对农业和都市经济的性质了解甚微。他在征服了东伊朗和中国的北部之后，却想当然地认为若是通过夷平城市以及破坏农田，来把这些地区变成他们习惯生活的草原是一件很自然的事。他把自己的生活习惯强压于他人的身上，不去顺应历史的潮流，不去尊重人性，更不去尊重人类生存的权利。用他残暴的铁蹄去践踏其他民族千年的历史。他说："男子最大之乐事，在于压服乱众和战胜敌人，将其根绝，夺取其所有的一切，迫使其妻痛哭，纳其美貌之妻妾。"其残暴可见一斑。他的战争由仇恨而开始，少年时的种种遭遇在造就了一个卓越的政治家、军事家的同时，也造就了他残暴的本性。他统一了整个蒙古族，使中国的版图空前改变，但他的残暴统治、排斥其他民族的做法实在令人难以接受。

今人品读

马克思曾经在谈到成吉思汗时说："成吉思汗戎马倥偬，征战终生，统一了蒙古，为中国统一而战，祖孙三代鏖战六七十年，其后征服民族多至720部。"成吉思汗确实以他卓越的军事才能著称于世，他创造了军事攻略方面的奇迹，他的才能是值得我们后人学习和借鉴的，在这一限度之内，成吉思汗显示了对秩序和统治的天才却不幸地和粗野的感情融合在了一起，由此在看见他的伟大功绩的同时，我们却不能忽略在他连年征战的政策下给劳苦大众带来的沉重灾难。蒙古的这一行政机构雏形是在大屠杀中产生的。他所推行的残酷屠杀排斥异族、等级统治和对开化文明的充耳不闻，是应该为我们后世人所摒弃的。经济基础决定着上层建筑，游牧文化与农耕文化之间的种种差异，也早就决定了元朝的失败，而元朝却又拒绝向汉文明去靠拢，灭亡也就成为了一种必然性。

着眼于这位古代君主的功过，历史在发展，时代在变迁，然而却也少不了类似于这样秉性的人的存在。他们往往意气用事，嫉恶如仇，他们可以拥有足够的耐力和定力创造一番事业，却无法抑制自己内心欲望的膨胀，他们认识不到和谐共赢的道理，无法接纳别人的不同之处。在他们的眼里容不得一粒沙子，他们倚仗自己的强势，任意扼杀别人生活的空间，狠狠地踩在别人的肩膀上来获取自己高高在上的位置。这样的心境，跟这位游牧君主残暴的一面真是如出一辙。

由此可见，如果我们想要将成功一如既往地保持下去，应该有着海纳百川的气度，有接纳其他新鲜事物的气魄，应该有一个平和而淡定的心境，抛弃那些过于膨胀的欲望，看清历史的发展趋势，顺应时代发展潮流，而不是面对本该革新的事物而极力排斥。倘若成吉思汗当时没有被仇恨充斥内心，对各个民族平等对待，爱民如子，而不是以武力来解决一切，给后世立下一个仁君的表率，元朝会走得更加长远。

总而言之，古人也好，今人也罢，都应心怀一颗平淡之心。“海纳百川，有容乃大。”绝非一句泛泛之词。

名家点评

我不如成吉思汗。不要以为蒙古大军入侵欧洲是亚洲散沙在盲目移动，这个游牧民族有严格的军事组织和深思熟虑的指挥，他们要比自己的对手精明得多。我不如成吉思汗，他的四个虎子都争为其父效力，我没有这种好运。

——［法］拿破仑

蒙古人在战场上取得如此伟大的胜利，这并不靠兵马之众多，而靠的是严谨的纪律、制度和可行的组织。也可以说，那些辉煌的成就来自于成吉思汗的指挥艺术。

——［印度］尼赫鲁

明太祖：布衣为王本不易，残酷刑罚安己心

人物浅谈

他拥有汉高祖的用人智慧，拥有唐太宗的民本思想，拥有宋太祖的专制集权，这些先人的才能在他身上一一有所表现，甚至表现得青出于蓝而胜于蓝。他推翻了当时元朝的暴政，由此建立起了一个统一的封建政权，他虽拥有着秦始皇的果敢英明，但是更凸显着秦始皇残暴的影像。初定天下时的朱元璋，尚且能广招天下文人贤士，对手下部将更是视如心腹。可悲的是，像这样平和淡定的心境并不能一直维持，一俟天下方定，他的心便开始躁动不安了，朱元璋开始担心起文臣们鄙薄他那贫贱的出身，更是担忧武将们会篡夺他的皇位。当这种焦躁不安的神经控制了他的行为时，便有了他诛杀功臣宿将、大搞株连、滥杀无辜，甚至一案株连杀人逾万的残暴统治境地。

历史的躁动

出身于一个赤贫佃户之家的明太祖并没有受到良好的教育，他并不精通于孔孟诗书礼乐，但是他仅凭自己的聪明才智、坚定信念和统帅力驱逐了胡虏，推翻了元朝的暴政和奴役，拯救百姓于水火，建立了新的统治。也许是出身贫寒的他不够自信，也许是皇帝的宝座太过于闪耀，以至于让他在对权力和威严的欲望中变得焦躁不安，唯恐别人架空他，篡夺他的帝位，正因如此也使他下定了对威胁到自己的人“宁可错杀，不能放过”的决心，也许皇权就是这样残酷，在它的面前没有感情可言。于是得到天下之后的明太祖便开始大兴冤狱，诛杀功臣，还设立了锦衣卫，由此开始了他对官民残暴的专制统治。此外为了加强他自己一人的大权，他废除了当时封建社会的丞相制，抑制住了贤能的辅佐，但是如此一来，却直接致使权臣和宦官更容易控制到政权，导致了明末宦官专权，民乱纷起。

明太祖为了自己能够掌握更多的权力，采取了十分残酷的统治手段。根据史料记载，当诛杀了胡惟庸之后，他又以谋反罪杀害了大将蓝玉，令人瞠目结舌的是两案被牵涉于其中的竟高达数万人之多，明太祖几乎要把明初的开国功臣杀光。这就是有名的“胡蓝之狱”。吴晗在描述完胡蓝之狱后说过这样一段话：“不但列将依次被杀，甚至坚守南昌七十五日，力拒陈友谅的义子亲侄朱文正也以‘亲近儒生，胸怀怨望’被鞭死。义子亲甥李文忠南征北伐，立下大功，也因左右多儒生，礼贤下士，被毒死。徐达为开国功臣第一，洪武十八年生背疽，据说这病最忌吃蒸鹅。病重时元璋却特赐蒸鹅。徐达流泪当着使臣的面吃下了，不多日就死。”由此可见明太祖当时的残忍之至。在明太祖的眼中，他自己的子孙都是值得信任的，他都付之以兵权，以此用来保障国家的长治久安。于是当时明太祖封宗室的25 人为藩王，驻守到全国各地。然而这一举措事实证明并不如他所思所想，在他去世后不久，燕王朱棣便起兵夺位，史称“靖难之役”。

在明太祖所铲除的大批开国功臣中，虽然有一部分是当时与整顿吏治和一些反贪腐的政策相结合的，但是绝大部分属于滥杀。他推行的“以猛治国”的方针，创立特务组织，一时间使朝野上下官民之间都敢怒不敢言，唯恐隔墙有耳。他制造了许多血案，开创和恢复了野蛮残酷的刑罚，大量的屠杀，弄到一种“贤否不分，善恶不辨”的地步。那勋劳卓著的一些大将和文臣，毫无理由地被野蛮地杀害了。明太祖屡兴大狱确实在历史上留下了重重的一笔，开国初期的一些功臣除了耿并炳等少数几个人以外，其余的全部都被无情地杀害。明太祖肆意的杀戮，以至于到后来遭受“靖难之役”之时南京朝廷竟然无将可派，由此我们可以说是朱元璋的分封外藩和大杀功臣直接地导致了“靖难之役”中建文帝的失败。这是他始料未及的。作为明朝开国皇帝的明太祖，虽然有着许多的政绩为史家所称许，但是他肆意诛杀功臣却在历史上为他留下不太光彩的一页。

今人品读

明太祖所创立的大明王朝诞生于长达一个半个世纪的扰攘纷乱之中。那是一个一切都遭到破坏的年代，那时的百姓生活在无情的暴力之中而无法自救，文明已经开始逐步地陨落，中国大地上充斥着的是野蛮的行径，仁义道德丧失和败坏。初建统治的明太祖可谓是给天下苍生拂过一阵春风，拯救了文明的开化。然而当他坐稳宝座，他也难逃这权力之下的魔咒，恐惧失去的焦躁使他的脚下流淌着多少含恨之血。

纵观历史，开国皇帝与帮他打下江山的功臣之间都有一种复杂难解的情愫，例如汉代的刘邦心存猜忌，大杀功臣；而唐太宗李世民却可以气量宏大，处理得较为妥当；宋太祖赵匡胤则更是采取了新的模式“杯酒释兵权”，和平地解除功臣的兵权。由此可见，如何处理这种复杂纷扰的关系，还是要看皇帝的处理方法。而明太祖朱元璋却是一位多有顾忌的君主，正是他的这种猜忌和顾虑造成了矛盾的不可化解，遂大开杀戒，造成了后来的诸多遗憾。现在我们所生活的环境之中也时常有如此心思复杂的人，当他们去创立一份基业之时，总是能够做到用人不疑，然而一旦事成，原来简单平静的心境却不能继续保持下去，他们不断地怀疑，猜忌最终弄得两败俱伤。

倘若明太祖能够少一些躁乱，多一份明智，信任那些曾经为他出生入死、东征西讨、为他赢得天下的功臣，能够安抚和保存一些他的心腹力量于后世，也不至于后来的“靖难之役”时建文帝无兵可调。前人可哀，警示后人，我们应该本着宏大的气量，少一些躁动，多一些平和，才能把成功延续下去。

名家点评

洪武元年，太祖即皇帝位，复中国之统。圣人之生，自有天地以来，中国未尝一日无统也，虽五胡乱华，晋祚犹存，辽金僭号，而宋系不断。未有中国之统尽绝。而尽夷狄之归，如元朝之世者也。三纲既沦，九法亦释，天地于是易位，日月于是晦暝，阴浊用事，迟迟至九十三年之久。中国之人渐染其俗，日与之化，身其氏名，口其言语，家其伦类，十室而九矣，不有圣君者出，乘天心之所厌，驱其类而荡涤之，中国尚得为中国乎？

——明·邱浚《世史正纲》

独至明祖，藉诸功臣以取天下，及天下既定，即尽取天下之人而杀之，其残忍实千古所未有。盖雄猜好杀，本其天性。

——清·赵翼

以国家全体而论，当开创之后，而无检制元勋宿将之力，人人挟其马上之烈以自豪，权贵纵横，民生凋敝，其国亦不可久也。

——孟森

明成祖：虽说治国有大略，一世不安篡位嫌

人物浅谈

明成祖朱棣开创了永乐盛世，他一生所做的大事较其他一流的帝王有过之而无不及，朱棣所开创的时代是被清朝皇帝康熙称为“远迈汉唐”的时代。朱棣的名字与郑和下西洋、营建北京和修《永乐大典》联系在一起的，他为后世留下了宝贵的财富。然而这些

功绩并不能掩盖住他所发动的“靖难之役”。身为藩王的朱棣没有按捺住自己对皇位的渴求，强烈的欲望搅动着他躁乱的心，为了夺取皇位任何亲情在他眼中都变得苍白无力。“靖难之役”是明朝建国后最大规模的一次内战，也是朱氏皇朝建立不久即发生的一次人伦惨变。朱棣的皇位是从侄皇帝的手中夺来的，因而历来士大夫们都将其列入“篡逆”之列。这一举动是为后人所不齿的，也为明成祖烙上了深深的污印。

历史的躁动

朱元璋选定的皇位继承人本不是朱棣，而是皇太孙朱允炆，是朱棣的亲侄子。虽说后来建文帝当时着力于削藩，但是朱棣不顾亲情篡夺皇位，此举有违天理。“成者王侯败者贼”是古往今来说的一句老话，朱棣虽然夺得了皇位，成了高高在上的皇上，可是文弱的建文帝朱允炆在被赶下皇位后也并未被后世记载为“贼”，反倒是通过不当方式夺得皇位的朱棣，为了证明自己“靖难”夺位有理，便开始大肆杀戮，因此使他背上了更重的罪名。鲁迅先生称朱棣为“坐寇”，其中“寇”便是“贼”的意思。朱棣为了稳固他的统治，利用宦官开设了东厂，这是一种特务机构，专门用于监视和刺探官员、军民、百姓。派出的特务密探肆意抓捕，横行跋扈，给官员和百姓的生活带来了巨大的恐慌。

今人品读

身怀着雄才大略的朱棣在称帝之后励精图治，发展经济，同时还提倡文教，终使天下大治，创造了永乐盛世。除此之外，他还宣扬国威，开拓海外的交流，通使西域，派郑和下西洋，他的作为使他为身后留下了显赫声名。然而他的帝位却篡夺于他的侄子之手，不能不被后人所唾弃，他发动的“靖难之役”真可谓是逆天而行，有违道义。

身为藩王的朱棣因为恐惧削藩，更对帝位有着无限的渴求，致使了这场灾难的发生。持续 4 年的“靖难之役”，使得明初稍有恢复的社会经济又遭受破坏，那些直接遭到战争践踏的地域又变成似元末时的一片狼藉。做了皇帝的朱棣，肆意杀戮曾为建文帝出谋划策且不肯迎附的文臣武将。瞬时间血流成河，他的残暴显露无遗。

靖难之役

“靖难之役”的根源在于明太祖把他自己的儿孙分封到了各地去各为藩王，然而藩王的势力却开始日益膨胀。到了太祖死后，他的孙子建文帝即位之后采取了一系列削藩的措施，这样一来便严重地威胁到了藩王统治的利益，最终导致了坐镇北平、拥有雄厚实力的燕王朱棣开始起兵造反。明太祖设想的由皇帝、藩王等组成的家天下的体制，理应可以在权力、亲情和礼法的共同作用下稳定地支撑起大明王朝的江山。然而，明太宗最初的设想非但不能巩固统治，反而酿成大祸，被皇位勾去魂魄的朱棣早已忘了亲情和礼义，狠心地把文弱的建文帝赶下帝位。

登上帝位的朱棣，并没有对自己的行径感到羞愧而罢手，他开始大肆杀戮那些曾经为建文帝出谋划策且不肯迎附的文臣武将。据史料记载，齐泰、黄子澄、景清等被灭族：“命赤其族，籍其乡，转相扳染，谓之瓜蔓抄，村里为墟。”有野史记载，素有“读书种子”之称的方孝孺，因不肯为朱棣撰写即位诏书而被株连九族。朱棣推行的清洗政策极其残酷，在朱棣的屠刀之下躺了数万惨死的冤魂。

因为朱棣是从他侄子建文帝手中夺来的皇位，所以即使朱棣干成了非常之事，也难逃成为历史上争议颇大的一位帝王。有人说他功业卓著“远迈汉唐”，也有人说他是杀人魔王“暴于嬴秦”。他太过于好大喜功且多疑好杀，在他通往成功的道路上，他的残酷和投机毕露无遗。“诛十族”、“瓜蔓抄”，他可谓破了历史的先例；还重用宦官、特务，为害甚烈，这一举措成为明代日后政治肌体上的毒瘤。

世间有很多东西是用权力和金钱所无法权衡的，其中亲情就是最为宝贵的。不可否认，皇帝的宝座闪耀着璀璨的珠光，但即便它再耀眼，也不能因为它而蒙蔽了自己的良知，不能因此而使平静的心躁动。生活于现代的人们，也不乏有这种因利欲熏心而做出大逆不道事情的人，他们有悖于人伦之情，是为人所不齿的，无论是古人还是今人，我们都应秉承着重情重义的优秀传统，仁义待人。

名家点评

中国古代通过宫廷政变夺取帝位的人屡见不鲜，而藩王从地方起兵夺得帝位的却只有永乐皇帝朱棣一人。我常说明朝永乐皇帝的凶残，远在张献忠之上。

——鲁迅《且介亭杂文》

成祖以马上得天下，既篡大位，遂移其武力以对外，凡五征漠北，皆亲历行阵，假使建文承袭祖业，必不能有此。此明一代之侈言国威者无不归功于永乐之世也。

——孟森《明史讲义》

明朝的国威，虽以成祖时为最盛；而一切失当的措置，也起于成祖时；到后来就深受其累。

——吕思勉《中国史》

康熙帝：自小好学撑霸业，传位儿孙争斗多

人物浅谈

康熙皇帝是中国历史上在位时间最长的一位君主，是他奠定了清朝兴盛的根基，也是他开创了康乾盛世的宏伟局面。他是一位英

明的君主，是伟大的政治家。他是死后被冠以“合天弘运文武睿哲恭俭宽裕孝敬诚信功德大成仁皇帝”谥号的皇帝，然而这样一位圣主却并没有处理好储位继承的问题。大清朝的立储制度，是康熙帝所创制，虽然他思之久远，却最终事与愿违，康熙的皇子之间争权夺位的斗争异常惨烈，最终引发了“九子夺嫡”。公开立储之后形成的两个政治中心，造成朝政的混乱，给英明一世的康熙内心以创伤，留遗憾于人间。

历史的躁动

康熙皇帝在位的61年里，勤政爱民，崇尚儒学，使清朝的经济持续发展。他平定内乱，收复台湾，使得清朝成为当时世界上幅员辽阔、人口众多、经济空前富庶的国家。然而治国有方的他并没能把子嗣继承帝位的问题处理好，最终形成了“九子夺嫡”的局面。继承大统一事也同样使得朝野纷争，形成了“太子党”和皇八子集团党羽对立的纷争局面。康熙皇帝的晚年终因其诸子皇位继承的纠葛而心力交瘁、郁郁而终。他曾说：“日后朕躬考终，必至将朕置乾清宫内，尔等束甲相争耳!”

康熙的皇后赫舍里氏在生育皇二子胤礽时难产死亡，年仅22岁。康熙伤心至极，所以对胤礽疼爱有加，第二年便立他为皇太子。那一年康熙22岁，胤礽才刚刚两岁。康熙的这个决定固然是看到了他的前人当时未能尽早立储的教训，康熙帝的曾祖父努尔哈赤和祖父皇太极死之前都没有公开地确定皇位的继承人，由此所引发的争夺大位的事件，几乎要兵戎相见，使政权面临分裂的危险。但是立储过早、太子过幼，显然也是欠妥的。难以预料的是两岁的胤礽以后将是怎样的，事实证明，在册立皇太子后的33年里，朝廷中自然地形成了太子党。最终康熙以皇太子胤礽“不法祖德，不遵朕训，唯肆恶虐众，暴戾淫乱”，第一次宣布废黜太子。然而这一举措使一些抱有野心的皇子们开始结党钻营，谋贪大位。康熙无奈地看到废太子后争储斗争愈演愈烈，故复立胤礽为皇太子。诸皇子更加明白了太子能够一次被废就能有第二次，导致了皇太子集团与皇八子集团之间的斗争日趋激化。最后，康熙再次废掉太子，并且对于太子党羽更是恨之入骨，故加以严厉的惩罚。形势也就演变得越发复杂。而康熙的晚年也因其诸子皇位继承的纠葛而大伤元气，郁结成疾，悲离人世。也最终导致其继任者皇四子胤禛登基，形成了一段历史疑案。

康熙是一代圣君，他看到了自己先人在子嗣继承问题上所犯下的错误，无论是努尔哈赤或是皇太极每当涉及皇位交替都会面临着皇位争夺的战争，他内心是不安的，他希望自己的子孙可以千秋万代。为了抚平他内心的躁乱不安，也为了巩固皇权、削弱旗权，稳定人心，在他年岁尚轻的时候便确立了继承人。然而事情都有两面性，他只看到了其一。提前立储的弊端使得皇太子与其他皇子之间产生了残酷的斗争，他们各自结成了自己的党派、势力集团。据史料分析，康熙晚年因为众皇子争夺皇位所导致的激烈斗争，使其无力整饬朝政。社会统治虽然在表面上依旧繁荣稳固，但其内部的矛盾已经爆发出来，而且吏治已经败坏到了惊人的地步，土地也集中到了少数人手中，造成国库空虚，赈灾无钱，打仗无饷，就连西部用兵都半途而废，这无疑是康熙帝的心病，终使得他郁郁染疾而终。

今人品读

康熙所创下的大清王朝是个空前强大的帝国，这一点就连那些自命不凡的欧洲来访者都不得不承认。史书上对他的记载多是对他的讴歌赞颂，然而却在子嗣继承问题上让他纠结无奈。他不仅是一位平常的父亲，而且是高高在上的皇上。自古以来多少人觊觎这个位置，他是心知肚明的，他不能像其他父亲那样对自己的孩子一视同仁，他需要选出一个能够接替自己位子的儿子。然而在皇位面前他看见的是自己儿子相互的压制，为了皇位不顾感情，他内心是悲哀躁乱的。国事家事天下事压在他的心里，晚年的子嗣继承问题更加日益激化，最终使康熙帝心力交瘁、染疾而终。

康熙是片面地看到了他的先祖在子嗣继承问题上的纰漏，看到了未立储君会使江山岌岌可危的一面，但是他并未处理好储君权力的问题，险些形成了除了皇权之外的另一个中心，也使得皇子之间斗争愈演愈烈。假如康熙不是年轻时对太子过多宠爱，两岁便立他为太子，而是静观孩子的成长，等长大成人再择其贤者立为太子，也不会闹得满朝沸沸扬扬。着眼于现代社会，利益先行已经成了一部分人的心理趋向。在利益面前一切都显得苍白无力，有的人开始忽视情意，无视道德。利益面前的情感匮乏是古人和今人共同的悲哀。我们应该看到无视仁义道德势必得不到很好的结果，知足者常乐，凡事保持一个平和的心态，不骄不躁才是为人之道。金庸老先生的一句“慧极必伤，情深不寿，强极则辱，谦谦君子，温润如玉”一语中的，值得身为后人的我们品读回味。

名家点评

康熙有两大缺点，一是在传位问题上，始终犹豫不决；二是“好名”，而且好与臣下争名。

——高阳

批评康熙有三：一是皇位继位的纠葛有点进退失据；二是康熙虽喜爱西学，任用耶稣会士，并允传教，但对西方并不信任，因而有礼仪之争以及导致雍正的禁教；三是康熙以轻徭薄赋自豪，以此彰显盛世，但其永不加赋的政策按耕地面积缴固定税金，与人口无关，于是人口虽增，亦不加赋，为康熙的继承者造成财政困难。

——史景迁

雍正帝：日理万机勤政务，一怒文人血成河

人物浅谈

雍正是我国历史上罕见的一位勤于政务、生活俭朴的皇帝。“康雍乾盛世”是中国两千多年封建社会最为辉煌的时期。虽然雍正在位仅仅13年，但那是励精图治、承前启后的13年，可以说是这一“盛世”的重要枢纽。然而另一面的雍正皇帝是一个残暴成性而且猜忌心也十分严重的人。在其政权基本稳定以后，他的内心却更加地躁动。文人是思想的传播者，雍正唯恐文人对思想文化领域控制加强，为了更好地禁锢人民的思想，人为地制造出了文字狱这样的世间悲剧。雍正一朝的文字狱使众多的文人明白了一件事，那就是莫谈国事。

历史的躁动

雍正是一位值得人们敬佩的政绩可观的皇帝，他在不少方面的建树实为超过了他的父亲。他能够严禁朋党，整顿吏治，强调务实。此外他还十分重视用人，澄清吏治。雍正时期进入了清朝最富庶的阶段，没有雍正的历史贡献，就没有乾隆时代的历史辉煌。然而在中国封建专制主义的社会里，统治阶级往往借“疑似影响之词”，去罗列众多的罪状，滥杀无辜，以此来达到消除异端、钳制思想、维护其专制统治的目的。雍正皇帝自然不会例外，为了平复他躁乱的心，他即位的几年之内，便将皇权归于一身，一扫康熙的“宽仁”政治，实行“严猛”统治。

即使清朝的文字狱并不是起始于雍正，但在雍正执政时期，其所撒的文网之密、所起的文祸之重却着实超过了他的列祖列宗。据史书记载，雍正皇帝在位的13年间所查办的文字狱就多达14起，这其中有5起还处死了案中人，文祸的数量甚至超过了康熙在位61年间的总和。自“年羹尧案”始，后又有“谢济世案”、“陆生楠案”、“曾静、吕留良案”、“屈大均案”、“清风不识字案”等较为重大的文字狱事件。当时有许多人家的家规，凡是有清、满等字眼，就有可能会被一些吹毛求疵的人挑刺、告密。在朝廷内部，一些不和睦的官员之间更是相互蓄意陷害、报复。诸如因父亲一句诗、一首词招来“戮尸枭示”的大祸，其子女也被流放到边疆的事屡见不鲜。“明月有情还顾我，清风无意不留人”是当时刑部尚书之子徐骏所作诗文，结果雍正大怒，居然以大不敬律斩首。还有的官员赞颂雍正，不想却被雍正误会了，被说成造言生事，受到了“若再多事，即治罪”的警告。这可谓是恭维之语没说到点子上，却成了文字狱的受害者。

文字狱的兴起无疑造成了朝廷和民间的恐慌，文人别说不敢去谈论政事，连诗歌的创作都变得小心谨慎，一个不留意或许丢的不仅是自己的脑袋，跟自己有关系的人统统都要遭殃。雍正早已迷失在自己不安的心智里。或许坐到了皇帝宝座的人都有一颗不能平静的心，没有登峰造极的人被欲望遮住眼睛，达到了至高点的人又怕青出于蓝而胜于蓝，怕被人取而代之。他能做的就是控制，控制人的行动，钳制人的思想，稍有风吹草动，他们的残忍便暴露无遗，宁可错杀一个，不能有漏网之鱼，这就是对权力的欲望，是每个皇帝难以逃脱的魔咒。雍正所制造的文字狱多是牵强附会，他挑剔其中文字的过错，甚至就因为不起眼的一句诗、一个字也会为之惹来杀身之祸。即便他治理国家再如何有方，他所统治的国家再如何富庶，但就这样残酷地肆意杀戮，置百姓于水火之中而不管不顾，又如何去称赞他为仁君？说他是个暴君一点都不为过。

今人品读

雍正皇帝与康熙皇帝一样都是能够勤于政事的好皇帝。他能够宵衣旰食且夙夜忧勤，可以说他为中国的强大付出了他全部的心血，但是他的那颗躁动的心是每位了解历史的后人所有目共睹的。我们歌颂他、称赞他，但是他的残暴、他的肆意杀戮也同样是不会被历史所掩埋的，在后人眼里只会放大，让我们以史为鉴，不重蹈古人的覆辙。雍正时期的文字狱过于严酷，造成了许多文人“以文为戒”，唯恐一不小心触犯了忌讳，导致了诗不敢作，文不敢写，即使是此文章写出来了，却也大都言不由衷，辞不达意，晦涩难懂。

然而当时已经进入 18 世纪，西方各国也早已先后地挣脱了封建制度的锁链，开始了一个迅猛发展的阶段。而正在这时，我们的统治者却是蛮横地推行着文化专制主义的封建政策，他们利用文字狱这一极端的手段，来达到消除异端、禁锢思想、统治言论，进而维护封建统治的目的。单从文化发展和经济发展的角度来看，这无疑直接地、人为地造成我国整个社会的落后，拉大了我们国家与西方各国之间的差距，从而进一步地阻碍了中国社会的进步和发展。最终导致了中国半封建半殖民地的社会地位的形成，为清末的悲哀做了铺垫。

纵观雍正在位的 13 年，也展望当代人们的大众心理，我们不难发现像这样为了一己安心、为了自己子孙的利益而践踏他人生命的人真是比比皆是，他们心怀大志，然而当他们得到了他们所想得到的东西时，却忘记了自己是踩在了谁的肩膀之上，人们的活动尚且可以束缚，可人们的思想却难以禁锢，当人们的思想如潮水般涌动而出时，是千军万马、残酷刑罚所压制不住的。我们要牢记“水能载舟，亦能覆舟”，一味地压制如同玩火一般容易伤及自身。

名家点评

雍正是敢作敢为，追求实效而经常不顾常情惯例，甘受骂名而推行新政，驭下之道冷酷却难掩雄才大略，这就是雍正帝：一个切切实实的政治家。

——记欣

雍正是远比别人野心更大，居心更险恶，手段更巧妙而残酷的政治阴谋家。

——周汝昌

不管对于雍正帝的政绩如何评价，大家对雍正帝是玩弄阴谋权术的高手的看法是一致的。

——毛佩琦

文臣篇

——为官意在展宏图，性情各异命不同

文臣作为中国历史上重要的政治势力，在数千年的文明长河中书写了绚丽多彩的篇章。多少人觊觎它的高度，亦有多少人为它劳苦奔波穷其一生。为官者意在大展宏图，然而性情各异命不同，富贵在天，并不是所有的意念都能够为当权者所识所用。这种落差激荡了太多为臣者的躁动，他们是幽怨的、是愤恨的。他们有为官者的光芒，有为臣者的忠义，却为护其主而无法独善其身，所谓“臣不密则失身”，多少文臣含冤陨落，只能为后人所叹息。

姜尚：空怀大志尽花甲，垂钓渭水待识才

人物浅谈

历史上的姜尚是齐国的缔造者，更是周文王图商、武王克殷的谋士。他是周朝的开国元勋之一，亦是齐文化的重要奠基者之一。可以说姜尚是中国古代的一位影响久远的、十分杰出的韬略家、军事家和政治家。历代的典籍均尊崇其历史地位，儒、道、法、兵、纵横诸家皆追奉他为本家之人物，被尊为“百家宗师”。姜太公的一生坎坷多磨，而且又轰轰烈烈、神秘莫测，确实称得上是奇人、奇男子。殷商暴虐使得民不聊生，姜尚内心定是怀着忧国忧民的慨叹，希冀着能够为改变时局尽自己的力量。他怀有鸿鹄之志，却一直到花甲之年才得人赏识，而“姜太公钓鱼，愿者上钩”的渭水垂钓也已经成了历史上的佳话。

历史的躁动

姜尚是殷周交替时期的一个关键性的人物。综观他一生的建树，无论是从军事上、政治上，还是经济思想等种种方面，都作出了他人难以逾越的卓越贡献。在这其中尤以军事方面最为突出，因故太史公言“后世之言兵及周之阴权皆宗太公为本谋”，姜尚称得上是兵家之鼻祖，军事之渊源。然而早年在殷商的残暴统治下生活的姜尚，虽然有着一身的才识，却也始终未能得志。这使姜尚尝尽了人间的冷暖，当殷纣王的暴虐和荒淫愈演愈烈，社会黑暗经济凋敝、民不聊生怨声载道之时，年近花甲的姜尚倍感失落和寒心，他深知殷纣气数已尽，且慧眼识人，渭水边垂钓，终得贤明君主的赏识，推翻

了殷纣王朝，解救百姓于水火。

姜尚所生活的时期，正值殷商王朝走向衰亡的时期。据史书记载，当时的殷纣王暴虐无道、荒淫无度，由此而导致的朝政腐败、社会黑暗，使得经济崩溃、民不聊生、百姓怨声载道。而相反西部的周国西伯姬昌却在倡行仁政，并且极力发展经济，实行了一系列勤俭立国和裕民的政策，使得社会日益清明、人心安定、国势日强，由此一来，相较于殷商天下民众自然更倾心于周，使得四方的诸侯也望风依附。年近花甲却壮心不已的姜尚，得知姬昌为了治国兴邦而广求天下贤能之士时，便来到了渭水之滨的西周领地，终日以垂钓为事，实则静观世态之变化，伺机出山。姜尚一反常人弯钩垂钓之举，而改用直钩且无饵料，且将鱼钩离水面三尺高，举着钓竿自言自语道："不想活的鱼儿呀，你们愿意的话，就自己上钩吧！"当别人问其缘由之时，他却说："我不是为了钓到鱼，而是为了钓到王与侯！"这样奇特的钓鱼方法，终于传到了姬昌耳中。姬昌派士兵去请。但姜尚并不理睬，边钓鱼边自言自语道："钓啊，钓啊，鱼儿不上钩，虾儿来胡闹！"姬昌听后改派官员去请，姜尚依旧不理，边钓边说："钓啊，钓啊，大鱼不上钩，小鱼别胡闹！"姬昌终于意识到，钓者必是贤才，是想要其亲自去请他才行。于是带着厚礼，前往磻溪见到太公。两人谈得十分投机。姬昌见姜尚学识渊博，便诚恳地请姜尚辅佐其兴邦立国。自此，姜尚总算才有了用武之地。随后姜尚辅佐文王兴邦立国，并且帮助其子武王姬发灭掉了殷商，被武王封于齐地，实现了自己建功立业的抱负。

姜尚通晓历史和时势，姜尚提出的以贤治国的"三常"不仅给了周朝以启示，也为我们后代立下了典范："一曰君以举贤为常，二曰官以任贤为常，三曰士以敬贤为常。"这句话的意思是，如果要想治国兴邦，必须要以贤为本，亦要重视发掘和使用人才。由此一来，既阐明了姜尚渭水垂钓的意图，也说明了人才的重要性。史书上评价姜尚是中国历史上一位全智全能的人物，他所怀的智慧和志气是常人无法比拟的。他树立了中国文艺舞台上一位“高、大、全”的形象，后世把他不断地神话，成为了中国神坛上一位居众神之上的神主。他是武神、智神，被人们奉为“太公在此，百无禁忌”的护佑神灵。

今人品读

少壮时期的姜子牙穷困卑贱，一直等到老年才遇到了文王、武王，得以施展抱负，是所谓大器晚成的一个重要典型。史书上记载他先后垂钓、卖食、屠牛、卖卜，是妇之逐夫，又是不售的佣役。“久处最下层，苦心志，劳筋骨，饿体肤。”“空乏其身，行拂乱其所为。”正所谓是“人间辛酸无不体味，世上冷暖尽已备尝”。众所周知，许由是古代的一位高士。著名的思想家孔子将姜尚同许由相比：“许由，独善其身者也；太公，兼利天下者也。”姜子牙以拯横流、利天下为己任，所以姜尚久求进身用世的机遇，而不以独善其身为足。姜尚历经磨难走遍各地，尽访诸侯，他怀着一颗久远的恒心寻祖迹于申、吕故地，观风俗于夷、夏旧族；他曾几度出入周国、殷都，如岐阳、丰邑、孟津、朝歌、牧野等一些地区，多次回顾起商汤、夏桀的成败得失。有书曾云：“他以演《易》之术教西伯于羑里，并教西伯脱身羑里之囚；又劝西伯献洛西之地，以换取纣王废止炮烙等酷刑。”但一直到了文王渭水访贤以后，姜尚方才逐渐开始了他“兼利天下”的大业。历代典籍对太公历史地位的公认，充分地说明了他在中国历史上的重要地位，更说明了其思想理论的博大精深。

纵览姜尚的一生，我们清楚地看到了姜尚满腹经纶的才华和他痛惜百姓疾苦、一心救百姓于水火的伟大志向，虽然已到了花甲之年，但是依旧有着凌云壮志，不得不令后人为这敬佩和慨叹。身为后人的我们，也应该怀着一颗执着的心，不骄不躁地静候机遇，不断地充实自己的知识储备，以备不时之需，而不应该因为困难或者是局限而轻易地停下了自己追求梦想的脚步。而要像姜尚一样，克服种种的困难一直不断地向前。

名家点评

六韬留下成王业，妙算玄机不可穷。出将入相千秋业，伐罪吊民万古功。运筹帷幄欺风后，燮理阴阳压老彭。亘古军师为第一，声名直并泰山隆。

——明·许仲琳《姜元帅赞》

水深火热心如焚，大仁大志无人问。垂钓一年复一年，不信人间无周文。俯察地理谋战事，仰观天文变古今。吊民伐罪安天下，诛一独夫定乾坤。

——慕云《咏子牙》

牧野洋洋，檀车煌煌。驷騵彭彭，维师尚父。时维鹰扬，凉彼武王。肆伐大商，会朝清明。

——《诗经·大明》

萧何：人臣之位破敌国，震主之威命难保

人物浅谈

萧何是西汉初期的政治家，《史记》记载："萧相国何者，沛丰人也。以文无害，为沛主吏掾。高祖为布衣时，数以吏事护高祖。"他从刘邦起事起便辅佐刘邦，为汉朝的建立立下了汗马功劳。然而相权与君权的种种矛盾总是会在不断的协调中相互地博弈着，因此

即便是他与刘邦私交甚笃，萧何自然也免不了屡遭猜忌。萧何、张良、韩信被称之为汉初三杰。此三人都在创建汉室江山的过程中立下了盖世功勋，但令人感慨不已的是，他们三人的命运却大不相同：韩信被杀；张良退隐山林；只有萧何一直辅佐在刘邦的身边，与刘邦和平共处几十年，即便如此，这期间也有着不少的波折，但萧何总算听取他人意见可以终老天年。这在中国封建社会的官场上，也是极为少见的。

历史的躁动

萧何是一个勤奋好学、思想机敏之人，生性勤俭节约，从不奢侈浪费。萧何深谋远虑且对历代律令颇有研究，这为制定正确的方针政策和律令制度找到了可靠的根据，对日后西汉政权的建立和日益的巩固，起到了巨大的作用，真可谓是功不可没。他能够慧眼识才，力荐韩信，这对西汉王朝的建立起了至关重要的作用。然而“狡兔死，良狗烹；高鸟尽，良弓藏；敌国破，谋臣亡”，似乎是历代开国皇帝对待功臣的一个规律。萧何也没能逃过刘邦的猜疑，还一度被投入大狱险些不能自保，怎能不使人心生畏惧呢？好在萧何是一个了解君臣相处之术的人，最终保全了自己的性命，也算是善始善终了。

在秦末政局大乱之时，由萧何与曹参领头而拥立了刘邦为首领起兵反秦。自此之后，萧何便一直追随于刘邦左右不离不弃，尤其是在长达数年的楚汉战争之中，萧何坚韧地留守后方建立和巩固了自己的根据地，由此才能源源不断地向前方输送兵员和粮草，如此一来便有力地支持刘邦渡过了难关，取得了楚汉战争的胜利。萧何的功劳，刘邦心知肚明，所以在战后论功行赏时，刘邦给萧何的封地最多，位次也在第一。但是刘邦的心里怎么会对这样一个有才识且得民心的人不心存戒心呢？当刘邦与项羽在广武一线相持之时，刘邦常败，凭借萧何及时补充兵员和粮草才得以勉强维持局面。可以说刘邦的生死全都在萧何手中。当时刘邦就三番五次从前线派人回来慰问萧何，顺便观察后方形势。萧何经门客点拨才明白其中原委，明白了刘邦对其起了疑心，忙把自己的子孙、堂兄弟派去前线，结果使得刘邦大喜。再一次便是帮刘邦解决韩信谋反的问题，萧何推掉封赏和护兵，并将自己的财产捐于前方的军队，才又躲过一劫。当英布又反，刘邦再次亲自上阵，萧何一如既往地坐镇于后方，而刘邦依旧派人慰问，萧何意识到自己的地位最高，功劳最大，赏赐最多，都是已经无以复加的了，况且10余年间安抚百姓，深得民心，刘邦是怕自己起了反心，所以他又想法设法故意在百姓面前诋毁自己的声誉，由此换来了刘邦再次的信任。当萧何体察民情想把皇家园林的闲地供给百姓种植时，刘邦却龙颜大怒，把其打入大狱，不过好在经人劝解后刘邦打消了疑虑。

从萧何勤恳的一生我们不难发现，在封建专制制度之下，帝王总是会担心丢掉了来之不易的皇位。为了保住皇位，甚至可以牺牲一切。对于皇位的威胁者，更加会毫不手软，哪怕你并不想去推翻他，只是表示一点不满，他可能都会动起杀机。而他们对皇位的维护者，自然会青睐有加。除了让他们光宗耀祖、生计无忧之外，还会有限度地包庇。

今人品读

萧何在政治上再老练，再能够帮助刘邦兴国，也会有想不到的地方。萧何全心全意为刘邦效忠，做到尽心尽力，安抚好百姓，忠于职守。可是，如此一来，其实也是十分危险的。因为，萧何这样做会深得民心，会得到更多普通百姓的爱戴，这样一来无疑会更让皇帝害怕和担心。倘若让皇帝害怕和担心了，可就不是什么好事了。于是此时，萧何家的一位门客便警告萧何：“你离灭族不远了。你如此孜孜不倦地做事，老百姓无疑便会越来越爱戴你。并且皇帝多次派人询问你在干什么，其实是害怕你占有关中地区啊。你为什么不多买些田地，用低价赊借来败坏自己的名声呢？你只有这样做，才能让皇帝安心。”幸运的是萧何是个从善如流的人，他虚心地听从了这个门客的建议，主动败坏了自己的名声，由此一来便主动授刘邦以把柄。虽然刘邦狠狠地批评了萧何，但心里却大为高兴。不妨想想看，萧何如果不这样做，就凭刘邦心狠手辣、极爱猜忌嫉妒的性格，他能放过萧何吗？

纵观萧何的一生，大部分的时间是在辅佐刘邦中度过的，并没有什么大起大落，但是过得却是十分辛苦。他可以“大智若愚，忍辱负重，任劳任怨，克勤克俭，安抚天下，用心之良苦，鲜有与之比肩者”。他用破一生心，总算是“找准了位置”，萧何在危机四伏的封建社会的官场之中成为了一个幸运者。可惜的是，像他这样幸运的人毕竟是太少了，而更多的便是韩信、彭越、黥布这些不得善终的人。这也无疑给了身为后代的我们一些启示，就是应该怀有平常的心，多听一些人的意见，哪怕比自己职位低的人，更要能够清楚自己所做的事情是否符合时宜，能让自己的上司可以接受，以免产生不必要的麻烦。

名家点评

萧相国功人不二。

——西汉·司马迁《史记·萧相国世家》

窦婴：本是耿直国相才，不辨时局抄满门

人物浅谈

窦婴是西汉时朝廷有名的外戚，是窦太后的侄亲。他在吴、楚七国之乱时，被景帝任为大将军，守荥阳，监齐、赵兵。七国破，封他为魏其侯。到汉武帝初，被任命为丞相。窦婴才华出众，武可定国，文可安邦。平七国之乱，与将士打成一片，统军有方。他具有相才，推崇儒术，政策得力，且为人正直、有原则，敢于仗义执言。但是他同样是一个高傲、自大、轻浮之人，内心的躁动模糊了他的意识，使他并没有清楚地意识到当时官场内部、统治阶级集团内部尖锐复杂的矛盾冲突。众所周知，窦婴之死是西汉时期姻戚权贵之间相互角斗厮杀的一桩名案，窦婴也算是中国封建时代皇权斗争的牺牲品。

历史的躁动

在汉武帝登基之后，窦婴成为了他第一个丞相，可以说是朝廷的重臣，那么窦婴之死也无疑成了汉武帝时期的一个大案。灌夫闹酒是这一大案的导火索，最终以灌夫族灭、窦婴弃市、田蚡暴病身亡而收场，其中窦婴是以矫诏罪被判处死刑。而那所谓的“先帝遗诏”也仅仅只有九个字：“事有不便，以便宜论上。”这不免使人有些许的遗憾，窦婴是有才之人，廉洁自律，克己奉公。史学界对窦婴之死颇有争议，且对窦婴是否接受过景帝的遗诏也众说纷纭。不过，无论窦婴是否伪造遗诏，似乎都注定着他的悲惨结局，这是因为他骨子里的人格力量和精神追求，与当时的政治格格不入。

窦婴是文帝窦皇后堂兄之子。在其父亲之前，世代为观津人。据说窦婴自小就豪爽有器量，十分喜欢结交宾客。文帝时，凭借着外戚的身份，窦婴做了吴王的国相，后因病被免职。汉景帝初登宝座之时，窦婴任詹事。在景帝之前，窦婴因为平定七国的叛乱有功，而被赐封为魏其侯。当武帝之时丞相卫绾被罢免，所以窦婴便继任，但是第二年却又被免职。后来又因为与丞相田蚡发生了矛盾，因为政治势力的层层渗入，而被斩首示众。在他沉浮的一生之中，虽有才华但并未被十分器重，这都根源于窦婴的性格太过于耿直，且不辨时势地做出一些不合时宜的事情。比如景帝时，汉景帝的弟弟梁王刘武入朝，梁王非常受他的母亲窦太后的宠爱。景帝与兄弟们一起宴饮，酒酣耳热之际，景帝说："我死后，传位于梁王。"窦太后听了自然非常高兴。此时，窦婴却端了一杯酒献给景帝，坦然说道："天下是高祖的天下，帝位应当是父子相传，这本是汉朝的法度，您怎么能擅自决定传给梁王呢?"虽然这说明窦婴是一个有独立判断能力之人，有一个判断是非的价值观念，通过成法来说明帝位传于兄弟不合规矩，但这句话引得窦太后十分不满，窦婴称病辞职。而当七国之乱时，景帝多次请窦婴出山，且窦太后对过往之事表示了惭愧，窦婴却多次称病搪塞，虽最后答应出征，但给景帝留下了沾沾自喜、做事轻率随便，难以为相，难以担当重任的印象。所以即使窦婴在汉景帝在位之时立下了很大的功劳，但是一直并不得志。直到窦婴拼死保下了灌夫，无疑是揽祸上身，因为这使他与当朝得势的汉武帝的舅父田蚡起了冲突。

窦婴为人十分耿直，但是正是他不辨时宜的耿直注定了他自此以后仕途上的坎坷与悲惨。他的内心是浮躁的，这使他心直口快，遇事只琢磨事却不去琢磨人，以至于有些不通事变，对上多有冒犯。在分不清利害关系之时，仅仅怀着一腔热血去仗义执言，最终惹人厌恶，招来杀身之祸。

今人品读

窦婴的性格使其难以与朝廷之人同流合污，因此更是难以独善其身。分析其悲惨结局，原因最重要的无疑是他轻利，且轻视官职，不与人同流合污，因此窦婴虽能够洁身自好，但同时也惹来别人的侧目。其次，窦婴本人对于道德标准上的那些理想化的追求，也有着古代文人自我陶醉的通病在里面，我们不难体会到在窦婴的心里，他是看不起田蚡如此之类的人的，窦婴的坚持原则，不为之所动，其实只不过是“不屑与他为伍”。窦婴也是一个侠义之人，看来历史上看透“利”的不乏其人，而执着于“名”的众多大人物也不免俗套。据记载，窦婴非常喜欢招揽门客，“养士”且仁而下士，他十分推崇春秋战国时信陵君的那种“千金散尽还复来”的豪气干云。后来的窦婴拼死去保下了灌夫，也自此而揽祸上身，与当朝得势的汉武帝的舅父田蚡起了冲突。当时他的夫人自然是苦苦地哀求，让他能够明哲保身，而性格耿直的窦婴只说了一句义薄云天的话“最多不当这个官了”。然而不幸的是，最终不是“失官”，而是丢掉了自己的性命。当我们说到窦婴的死，总是会不自觉地又要拿秦朝的丞相李斯来做比较，他们二人同样才智过人，然而李斯却是聪明过头且只顾私利，他不可避免地同流合污，助纣为虐，矫诏并且逼死太子，自此便毁了秦朝，也毁了自己，最终难逃赵高的算计，并不得善终，还留下千古的骂名。而窦婴却可以为了废太子而辞官，也算得上是铁骨铮铮，能够为朋友去两肋插刀，不过这其中也有鲁莽成分。

纵观窦婴的一生，我们能够清楚地看到他身上有着不少值得我们学习的闪光之处，但是我们也不难发现在他身上的那些浮躁和不看时机的一些弱点值得我们反思和回味。对于前人的优点我们应该继承，同时也更应该去其糟粕，扬长避短才能在事业上有所突破。

名家点评

魏其、武安皆以外戚重，灌夫用一时决策而名显。魏其之举以吴楚。武安之贵在日月之际。然魏其诚不知时变，灌夫无术而不逊，两人相翼，乃成祸乱。武安负贵而好权，杯酒责望，陷彼两贤。呜呼哀哉！迁怒及人，命亦不延。众庶不载，竟被恶言。呜呼哀哉！祸所从来矣。

——西汉·司马迁《史记·魏其武安侯列传》

曹操：爱才如命深谋略，却被疑心缠终生

人物浅谈

曹操是我国东汉末年的著名军事家、政治家和诗人，三国时期魏国的奠基人和主要的缔造者。曹操的一生竭尽心力于征战，他精于兵法且用人唯才，并且打破世族门第的封建观念，他抑制豪强，由此便使其所统治的地区社会经济都能不同程度地得到恢复和发展。作为一代枭雄的曹操，同时还精通音律，善作诗歌，用来抒发政治抱负。然而不可否认曹操同时也是一个奸邪诡诈、善于玩弄权术的人。他无疑是一个“奸邪、诈伪、阴险、凶残”的绝代奸雄。这一切都来源于他性格的多疑，“宁教我负天下人，休教天下人负我”，自私残忍的灵魂吞噬了他的整个情感。他的雄才大略，他的超人胆识，背后却隐藏了在多疑的性格笼罩下的自私残忍的贪欲和权势欲。

历史的躁动

曹操既是一位十分有作为的封建统治者，更是一位有着雄才大略的政治家和军事家，但他同时又是一个工于心计的阴谋家和野心家。于是人们对曹操的看法便也是纷纭错杂，毁誉不一。有毁者就把曹操说成了白脸的奸臣，说他专门玩弄权术，有着多疑、极端利己者的“宁我负人，勿人负我”的自私心态。誉者则又将曹操视之为命世英雄。然而曹操虽然着实有可取之处，但是更有着无穷的贪欲和权势欲，他又心怀叵测地去把这些掩藏起来，用那些假仁假义和小恩小惠去笼络、收罗人才，为他自己所用。世人皆知曹操生性多疑，他这份多疑不知道断送了多少无辜人的性命，也正是这份躁乱心绪下的多疑使多少人寒心离他而去。

曹操出生于一个宦官之家，家产自然是十分地丰厚，因为当时的“阉宦专权”早已将汉家的江山残忍折磨得体无完肤了。然而在社会之中，上至官僚门第，下至平民百姓，却无不对宦官恨之入骨，况且当时中国文化的主流思想是传统儒家，所有的清高志士都有排斥和鄙视宦官之后的情绪。生活在这样的矛盾之中的曹操，被一部分人极度宠幸视作掌上明珠，却又被另外一部分人极度蔑视，由此便形成了曹操的这种猜忌的性格，总是对自己周围的事物抱有怀疑和极度的不信任。曹操一生之中所做的事都或多或少地暴露着他性格上的多疑，据说吕伯奢想要杀猪用以犒劳要刺杀董卓而成为天下闻名人物的曹操，却不想成了曹操多疑的第一个有分量的牺牲品。因为误杀了吕家杀猪的家丁，使吕家家眷受到惊吓，曹操居然一不做二不休地杀了这些家眷。曹操明知自己错杀了吕伯奢全家已是不对，却还要继续一错再错，要弄阴谋手段将沽酒归来的吕伯奢挥剑砍死。由此可见生性多疑的曹操残忍凶狠的一面。也正是得源于曹操多疑的性格，成就了诸葛孔明的“草船借箭”。曹操并不急于求成，同时他也知道韬光养晦而不去争一时之得。但纵使他深谋远虑，也是难逃智者千虑而必有一失，他的多疑之心无疑成了他战略失误的原因。正如诸葛亮在“智取汉中”时对曹操的评价：“操平生为人多疑，虽能用兵，疑则多败。”刘备也曾说过：“今与吾水火相敌者，曹操也。操以急，吾以宽；操以暴，吾以仁；操以谲，吾以忠，每与操相反，事乃可成耳。”在惨烈的赤壁之战中被烧得焦头烂额的曹操能慌忙逃跑到华容道时，却发现了一条大道与另一羊肠小道，曰：“实则虚之，虚则实之。”我今天定是要反其道而行之，奔着有烽火的道路前进，结果便中了诸葛亮的圈套。

曹操的躁乱与多疑来源于他的生长和生活的环境，然而曹操并没有刻意地去改变这些性格上的缺点，反而纵由其发展，如此一来与他所要成大事的目标是大相违背的。据说官渡之战时，曹操为了能够平息官兵胸中所堆积着的怨气，杀了并没有任何过错的粮草官员。表面上看似是解决了一时的士气的问题，从长远的角度来看，实际上却是失去了中上层将领的人心。然而到了老年的曹操更是变本加厉，他把猜忌的性格居然发展到了几乎病态的程度，有记载说曹操经常夜不成寐，提把刀砍人，倒霉的无非就是他身边的女人、太监和御医。

今人品读

正可谓是一代枭雄的曹操，生性多疑确实是历史对其最为显著的评价。据书中记载，曹操连自己身边的仆人和参谋杨修都不信任，这些亲近之人也难以逃脱遭其杀害的厄运，故有了“宁可我负天下人，莫叫天下人负我”。而曹操的克星诸葛亮于是就充分利用了这一点，便可坐享其成地让10万支箭在不费吹灰之力之下满载而归，为后来的赤壁之战打下了坚实的成功基础。

生性多疑，从某个角度来讲也许是能够把坏的事情做到防患于未然，在一定的程度上起到了保护自己的作用。但是显而易见，一味地生性多疑便成了分不清真与假、黑与白、是与非、爱与恨的种种事实了，这无疑会让自己生活在一个多疑虚假的世界，不相信社会，不相信人生，不相信生活，不相信朋友，不相信爱情，自己反驳自己、思想斗争思想、真实怀疑真实、虚假掩盖虚假。从此便是没有了快乐，没有了单纯，也没有了真诚，除了猜忌便是怀疑。如此的心理游戏带来的只能是夜深人静之时，静下心来去剖析自己内心荒凉空洞的痛苦更是对自己人生事业的一种毁灭的恐惧。在当今的商场之中，都遵循着“用人不疑，疑人不用”的一种游戏规则，“用人不疑”与“用人要疑”这两个观点本身都没有什么对与错，关键是在于，用人的人具备着什么条件与素质。无能之人，用时必须要疑；而怀有高能之人，用才能不疑，也是才敢不疑。多疑而不明断，却一意孤行，只会害人害已，真是应了诸葛亮那句话：疑则多败。

名家点评

青山为浪入漳州，铜雀台西八九丘。蝼蚁往还空垄亩，麒麟埋没几春秋。功名盖世知谁是，气力回天到此休。何必地中馀故物，魏公诸子分衣裘。

——北宋·王安石

汉末，天下大乱，雄豪并起，而袁绍虎掺四州，强盛莫敌。太祖运筹演谋，鞭挞宇内。揽申商之法术，该韩白之奇策。官方授材，各因其器，矫情任算，不念旧恶。终能总御皇机，克成洪业者，惟其明略最优也。抑可谓非常之人，超世之杰矣。

——西晋·陈寿

杨修：过分张狂显才能，一语不慎命归西

人物浅谈

杨修是汉末文学家，杨修生于官宦人家，几代都为汉朝大官，“自震至彪，四世太尉，德业相继，与袁氏俱为东京名族”。杨修思维敏捷且头脑灵活，颇具才华，“以名公子有才能，为太祖所器”，是个世间少有的聪慧之人。据记载，杨修担任曹操的主簿时，“军国多事，修总知外内，事皆称意，自魏太子已下，并争与交好”。然而就是这么一个既聪明又能干的人，最后却被自己的聪明所误，被曹操一怒之下杀害。性格决定杨修的命运，杨修那自以为是、张扬跋扈的性格是导致他被杀的罪魁祸首。而这种性格来自于杨修那颗急于展现自身的才华、早日被曹操发现和赏识的躁乱的心。

历史的躁动

杨修在他的仕途上也算得上一帆风顺，一般人并非都能在曹操那里胜任“丞相主簿”，所以才有“自魏太子已下，并争与交好”的现象。说明了杨修当时非常受曹操器重，以至于同时期的“建安七子”都在杨修之下。然而杨修的个性太过于张狂，他凭借自己聪明的头脑，去揣摩曹操的想法，还在众人面前卖弄自己的小聪明，使得曹操所想营造的一些对他人的神秘感荡然无存，也损害了曹操为自己所树立的权威。曹操爱才，也曾对他一忍再忍，但终于还是到了厌恶至极的地步，这也为杨修自己招来了杀身之祸。杨修自认为自己很聪明，却搬起石头砸了自己的脚，聪明反被聪明误。

让曹操心中对杨修生“忌”便是阔门一事。据说曹操派人造一

座花园，完工后曹操去巡视，一言不发在门上留了个“活”字便走了。“人皆不晓其意”，而杨修却说：“‘门’内添‘活’乃阔也。丞相是嫌园门阔耳。”杨修很得意地将他的想法说给别人，曹操口中称是，心中却怎能不提防这样的一个人呢？再就是有名的“一合酥”事件。有人送给曹操一盒精美的酥，曹操在盒子上写上3个字“一合酥”，便放在一旁，杨修看到便取餐具给大家分食。曹操问其故，杨修从容地说：“盒上写着‘一人一口酥’，岂敢违丞相之命乎?”曹操虽然喜笑，却深感被戏弄“而心恶之”。杨修还大胆地揭曹操的短，曹操生性多疑，唯恐遭人暗杀，便对左右人说自己梦中好杀人，让大家不要靠近。一日一近侍为他覆盖落地的被子却被装睡的曹操杀死，“人皆以为操果梦中杀人”，唯独杨修叹息：“丞相非在梦中，君乃在梦中耳!”曹操听了便更加厌恶他了。当杨修自以为是地揣摩曹操心理去帮曹植通过考验时，被欺瞒的曹操不禁怒火冲天。置杨修于死地的便是“鸡肋”事件。当杨修再一次从一根“鸡肋”中揣测出曹操退兵的意图，并且自以为是毫不顾忌地将之告诉了夏侯惇时，曹操终于对杨修忍无可忍，他以“乱我军心”为名，将之杀死。这种代言领导的做法换做别人恐怕也难以接受。

从这所有的事件中都可以看出，杨修具有对曹操意图的洞察力的特殊才华。用夏侯惇的话来说，便是“公真知魏王肺腑也”。杨修把自己锻炼成了一个高明的心理专家，在“众人皆醉”之时，唯他可以“独醒”，可以说杨修总是可以准确地掌握到曹操的心理动态，并且这也成了杨修卖弄的资本，可见他的内心是多么浮躁，多么期望自己的才华能够被展示出来，得到曹操的重视和大家对其的肯定。杨修虽然是聪明的，却是缺乏大智慧的。曹操本来便生性多疑，他又怎能容忍自己的部下将自己完全看透？可是在杨修面前，曹操的种种小把戏却无法欺瞒得过，况且杨修他自己能够把握住曹操的思想意图也就罢了，而他却又不肯将之埋藏在心里，反而一再地炫耀于他人。这样一来，曹操所追求的神秘感无疑荡然无存，由此他对部下的控制力无疑也会随之而减弱，又怎么能够留下这样一个人呢？

今人品读

杨修之死，死于泄露了军事机密。曹操能够容忍杨修，皆因杨修的才华；而曹操不惜痛杀杨修，则因杨修“自作聪明”。修园门、食酥，曹操可以因为惜才一笑而过，而当杨修帮曹植争夺嫡位，曹操虽然不高兴，但是也能忍受，何也？君子爱才是也。但是“鸡肋”一事，决不能忍。孙子兵法曰：“兵者，诡道也。故能而示之不能，用而示之不用，近而示之远，远而示之近。利而诱之，乱而取之，实而备之，强而避之，怒而挠之，卑而骄之，佚而劳之，亲而离之，攻其无备，出其不意。此兵家之胜，不可先传也。”又说“一鼓作气、再而衰、三而竭”。杨修在这里犯下了一个不可饶恕的错误，如果说他泄露军事机密、扰乱军心，一点也不为过。况且如此一来，在杨修面前曹操就像是被人扒光了衣服，所有的秘密也都一览无遗。这对于一个需要保持一些神秘感来更好地控制部下的领导者来说，无疑是忌讳的。

身为后人的我们也应该从杨修的死之中看到为人臣子所应该注意的一些事情，不应该一味地去揣摩他人尤其是领导的意思，而替他人作出决定，这样的做法是极其自负的，且令人厌烦。更不应该时刻不忘地去展现自己的才华，自作聪明地去搬起石头砸了自己的脚。为人应该谦逊，保持平静的心态与人交往。当与领导在一起时，揣摩领导意图并不是错误，但还是应该恭敬地等待着领导的指示，按照指示办事，有规有矩地行使自己的权力。

名家点评

杨氏载德，仍世柱国。震畏四知，秉去三惑。赐亦无讳，彪诚匪忒。修虽才子，渝我淳则。

——南朝·范晔《后汉书·杨震列传》

大儿孔文举，小儿杨德祖。余子碌碌，莫足数也。

——南朝·范晔《后汉书·祢衡传》

王安石：不畏权贵推新政，含恨归隐葬钟山

人物浅谈

王安石是北宋杰出的政治家、思想家、文学家，更是一个改革家，官至宰相，主张改革变法。他的政治变法对北宋后期的社会经济产生了十分深刻的影响，可以说已经具备了近代变革的特点，也因此被列宁誉为是“中国十一世纪伟大的改革家”。他是唐宋八大家之一，有《王临川集》、《临川集拾遗》等存世。王安石矢志改革，把“新故相除”看作是自然界发展变化的规律，从而树立了“天命不足畏，众言不足从，祖宗之法不足用”的大无畏精神。然而改革的道路是坎坷的，保守派的压制使变法最终失败，心血付诸东流的王安石内心又如何能够释然平静，当看到所定立的新法被一款款废除时，便郁郁而终。

历史的躁动

“别馆寒砧，孤城画角，一派秋声入寥廓。东归燕从海上去，南来雁向沙头落。楚台风，庾楼月，宛如昨。无奈被些名利缚，无奈被它情担阁，可惜风流总闲却。当初谩留华表语，而今误我秦楼约。梦阑时，酒醒后，思量着。”这首词承载着的是王安石变法失败之后满心的抑郁与愤懑，作为一代风云人物的王安石是一个何等卓越的政治家，也因此他更是难以摆脱旧时知识分子的那种矛盾的心理，于是便有了他在兼济天下与独善其身这两者之间的无限徘徊。他一方面可以以雄才大略和执着果断而著称于青史，也同时却在激烈的政治旋涡中时时泛起那急流勇退和功名误身的感慨。心中的抑郁与不平激烈地碰撞着王安石的神经，变法的最终失败也使得王安石最终绝望。

王安石出生于一个地方官员家庭，他自幼聪颖，读书过目不忘。从小随父宦游南北各地的经历丰富了他的社会阅历，开阔了眼界，与此同时也目睹了底层人民生活的艰辛，由此便对宋王朝“积贫”、“积弱”的社会现实有了一定的感性认识，青年时期的王安石便立下了“矫世变俗”的志向。宋仁宗时期，王安石因不受赏识，所上的万言书并未被采纳，于是当朝廷想命他去做个闲官时，他恳辞入朝。王安石在神宗时由于深得君主的赏识，从任参知政事到升任宰相，仅用了一年时间。由此王安石开始了大力推行改革，着力进行变法。在王安石思想的影响和指导下，变法派制定以及实施了一系列的新法，从农业到手工业、商业，从乡村到城市，都展开了广泛深入的社会改革。然而王安石所倡导的新法却触犯了大地主和大官僚阶级的利益，由此而面临着两宫太后更有一些皇亲国戚与保守派的士大夫相互结合起来共同反对变法和抵制新法。由此一来，便有了王安石第一次被罢相的结果。虽然次年王安石复拜相位，但复相后并没有得到更多支持，根本无法把改革继续推行下去，于是第二次辞去宰相职务，从此便闲居于江宁府。宋哲宗元祐元年起，保守派变得愈来愈得势，所以在没有办法的情况下在此之前的新法全部被废除，随之王安石也在不久后郁郁病逝。

王安石心中很早就已萌发了居安思危的忧患意识，自幼跟随着做地方官的父亲转徙各地，辗转的生活早已使他较为广泛地接触到社会的贫困还有人民的苦难，由此便产生了“心哀此黔首”的感情。年十七八岁，即以稷、契自命：“才疏命贱不自揣，欲与稷、契遐相希”，表现出了王安石不同凡响的志向。然而现实与理想的差距相差甚远，王安石在变法的过程中付出了他全部的心血，虽然困难重重，凭借着自己的满腔热血，王安石一直坚持，直到当他发现神宗的变法意志变得动摇，他开始陷入了深深的失落与痛苦之中。当他卸任闲居之时，原来制定的一系列新法被保守派一一废除之时，王安石终于绝望得郁郁而终，一代改革家就此消失在人们的视野之中。

今人品读

“六朝旧事随流水，但寒烟衰草凝绿。至今商女，时时犹唱，后庭遗曲。”这几句词不仅流露出了王安石对北宋王朝不能励精图治的不满情绪，更与杜牧的“商女不知亡国恨，隔江犹唱后庭花”有异曲同工之妙，这首词在表面上无疑是责怪了那些商女的无知，但究其内在其批判的矛头的的确确是直指当朝的统治者。那些歌妓们至今依旧唱着亡国之音，而造成这一局面的正是因为当权者沉缅于酒色，也正是统治阶层那醉生梦死、荒淫无道的真实写照。面对社会的种种表象，王安石作为一位伟大的改革家和思想家，他定是那位站得高看得远的领导者。虽处于宁世，但王安石却早已隐隐看到了潜藏的危机。于是乎，通过自己对六朝历史教训的认识，他励精图治于改革，以强烈的责任心去对待国事。然而改革势必要侵犯一部分人的利益，看到坎坷的漫长的改革路途，王安石充满了担心和忧虑，躁动的心境在他所写的诗中也有所体现。变法最终还是失败了，这无疑是对王安石的致命打击，但是在变法的过程中表现出一个清醒的政治家的真知灼见。王安石郁郁而终，也成了中国古代改革史上的又一大遗憾。

沿着历史的车辙，我们看到了王安石的执着，读懂了王安石的悲愤。王安石在不同时期的心态和思想，从豪情慷慨到踌躇满志，最后矛盾苦闷，看到了王安石曲折的人生经历，我们不能随意褒贬其中任何一种心态和思想，值得庆幸的是，我们看到了一个为了追求抱负上下求索直至忧愤而死的政治家。古人内心的躁动映照在现代人的生活中也可以被感受得到，但是身为一个有责任感的人，更应该勇敢地坚持自己的主张与观点，知难而上，为理想而奋斗。

名家点评

介甫文章节义过人处甚多……方今……不幸谢世，反复之徒必诋毁百端……朝廷宜加厚礼，以振浮薄之风。

张居正：鞠躬尽瘁为国事，累死君却不领情

人物浅谈

明朝万历初年的张居正，能够与商鞅、王安石并称为中国皇权专制社会初期、中期和后期最富盛名的三大改革家。张居正从寒微门第而奋起，历经了科考，从秀才、举人、进士，直到后来的内阁大学士。在他10年首辅的任内，扶持10岁的幼帝推行了新政，张居正把日益混乱衰败的明朝治理得国富民安，因此历史上把他称为“救时宰相”。据史书记载，张居正是在其改革事业如日中天之时以病谢世的，是这三个人之中唯一在生前改革成功且又得以善终的政治家。然而历史何以又是如此荒唐，在张居正死后的一年，不想万历皇帝居然变卦，由此直接导致保守势力的复辟。而张家也被削夺抄没，满门罹难，10年的改革也随之而毁于一旦。万历皇帝及其佞

臣享用着张居正改革的成果，而改革家张居正等却无奈地遭受着不白之冤，实在冤哉。

历史的躁动

毋庸置疑，张居正是与商鞅、王安石齐名而载誉青史的一代改革家。在他主政10余年间，实行了一系列的改革措施，其中包含着清查田亩和推行一条鞭法，更是包括着改革赋税制度，使得明朝政府的财政状况大为改善。在军事上，重用名将戚继光、李成梁等，用来消除边患，进而加强了北部边防，用以整饬边镇防务。另外张居正还任用潘季驯主持浚治黄淮水事亦颇有成效。张居正通过一系列的改革，使得奄奄一息的大明王朝重新获得勃勃生机。张居正在这场改革中呕心沥血，展示了他的雄才大略，同时也陈表了他在面对亲情与理想之间痛苦挣扎并最终超越了世人的毁誉，更是超越了世俗的荣辱，为了实现国家振兴而全力挣搏、积极向上的人生气象。权力是一柄双刃剑，它既能够成就出张居正的变法之霸业，却也悄然地异化着他的人性。在这个意义上，置身权力“铁三角”的张居正，注定着要扮演悲剧英雄的角色。

张居正从寒微门第奋起，在他历经科考，从秀才、举人、进士，直到内阁大学士，走过了一段十分艰难的路程。他在十年的首辅任内，扶持了十岁幼帝推行新政，“万历新政”是张居正耗费了毕生心血而辛苦地探索与经营的。张居正能够把日益混乱且衰败的明朝又重新治理得暂时恢复了国富民安，在历史上被称为“救时宰相”。张居正以一颗坚定的心呕心沥血地去钻研如何变法，因此对于国事他夜以继日地奔忙，就连19年都未得见面的父亲去世，也未按照祖制回到祖籍去守制27个月，只因为当时张居正的改革才刚刚进入佳境，若是自己走掉，很可能半途而废，所以张居正选择了唯一的办法“夺情”（若是事务太急，绝对不能走，经皇帝批准便可以留下）。然而天不遂人愿，张居正是在他自己的改革事业如日中天之时以病谢世的。由张居正个人所主导的这场改革的成功，也预示他身后隐伏的危机，这就是人在政在，人亡政息。在张居正死后的一年，万历皇帝变卦，保守势力复辟。张家被削夺抄没，满门罹难，凡被认为与张结党的官员，统统被削职。10 年改革毁于一旦。至于他一腔心血所建树起的新政，不用说更是付诸流水。在张居正死后，当朝的统治者万历皇帝及那些佞臣享用着改革的成果，而改革家张居正等却只能无奈地遭受不白之冤。

历史总是犹如那色彩斑斓而却又变幻无穷的万花筒，这无疑让苦心去探索它奥秘的人们感到不着边际，更是深不可测，这也许就是历史的魅力所在。所有的事情都有着它难以揣摩的结果，商鞅、王安石、张居正并称为中国皇权专制社会初期、中期和后期最富盛名的三大改革家为何没有好下场，吴起、商鞅死于非命，便是显例。虽然张居正并不是死于非命，但待其死后，先前对他推崇备至且又言听计从的明神宗却又扬言要对他“断棺戮尸”，让家属代他受过，张家遭受了抄家充军的严惩，令同时代的人以及后来的读史者感慨欷歔不已，陷入深深的思索。

今人品读

任何的变法都是对社会利益关系的调整，必然会有人赞成，也会有人站出来反对，并往往由此导致了激烈的政治权力的碰撞。中国是一个具有着几千年封建集权传统的国家，至高无上的皇权历来就被视为是天授的，是其他国家权力的源泉。所以，变法必须取得皇权的支持。而在这种意义上说，变法就是围绕着皇权而展开的一场你死我活的权力之间的角逐和权力的再分配。这次改革尝试是中国在近代化门槛前利用传统文化资源进行的一次自救运动，它虽然在一定程度上延缓了明王朝的覆灭，却并没能改变历史发展的总体趋势。这次变法的成功与失败，以及作为一代改革家张居正的人生的悲剧和人性的悲剧，无疑都具有典型的意义。“在这个时候，皇帝的励精图治或者宴安耽乐，首辅的独裁或者调和，高级将领的富于创造或者习于苟安，文官的廉洁奉公或者贪污舞弊，思想家的极端进步或者绝对保守，最后的结果，都是无分善恶，统统不能在事业上取得有意义的发展，有的身败，有的名裂，还有的人则身败而兼名裂。”黄仁宇先生的这一段话，我们不妨可看作对晚明历史的本质和末世走向的描写的一个绝妙的总结。

我们了解了张居正的一生，我们看到了他人生中的大喜大悲，我们更看到了他为了国家鞠躬尽瘁、死而后已的态度，我们更是为他离世后所遭受的令人心寒的待遇感到愤怒。在张居正身上应该可以看见一些人生的启示，应该在他的身上学习那种坚忍不拔、勇于探索的精神，我们应该秉着一颗平静执着的心，为我们的所执着的事业和美好的人生不断地跨过一道又一道的坎，为了更好的明天而不断地努力着。

名家点评

有时候，摆 pose 比做实事来得安全。海瑞跟张居正相比，一生行事，象征意义大于实际意义，但是身为道德样板，反而安全系数最高，即使大骂皇帝，也不至于遭到张居正身后这样寒风扫落叶般的结局。

——著名作家 清秋子

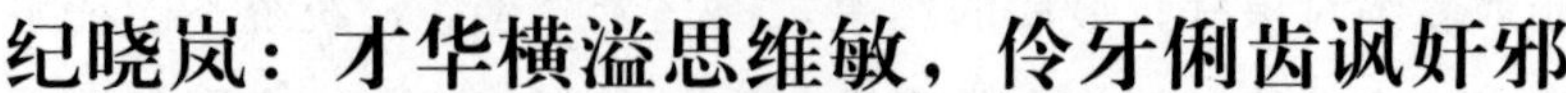

纪晓岚：才华横溢思维敏，伶牙俐齿讽奸邪

人物浅谈

纪晓岚一生历雍正、乾隆、嘉庆三朝，因其“敏而好学可为文，授之以政无不达”，故卒后谥号文达。众所周知，纪晓岚天资聪颖，才华过人，据野史记载，其幼年即有过目成诵之美誉，但是究其学识之渊博，主要还是他力学不倦的结果。纪晓岚不平凡的一生，可以说有两件事情是做得最多的，第一便是主持科举，第二便是领导编修。在纪晓岚30岁以前，一心致力于考证之学，“究其所坐之处，典籍环绕如獭祭。三十以后，以文章与天下相驰骤，抽黄对白，恒彻夜构思”。然而纪晓岚也以其口齿伶俐而著称，正是他的天生聪慧与伶牙俐齿的完美结合才创出了一段段讽喻奸诈之人的佳话，不得不让人心生敬畏。他与和珅的恩恩怨怨也为后人所广为称道。

历史的躁动

纪晓岚在编纂典籍和学术成就上都异常突出，称得上是多姿多彩。他曾给自己写过一首诗，其中有两句“浮沉宦海如鸥鸟，生死书丛似蠹鱼”，这便是他毕生之真实写照。纪晓岚并不仅仅只是在清代被公认为文坛中的泰斗、学界的伟大领袖和一代文学的宗师，纪晓岚就是在中国乃至世界文化史上也都是一位少见的文化巨人。他天生聪慧且思维敏捷，有着超越常人的智慧，他凭借他的三寸不烂之舌，给那些他认为对的事物以赞扬，对于那些不堪的、卑劣的他也绝对不会口下留情。他的嘴便是一把利剑，能够把密布乌云的天拨出一丝透亮，能给予那些不入他法眼的污物以重重的打击。

在民间流传着一个“题联讽庸医”的故事。相传有一个庸医，因为医道拙劣所以常出事故，曾把纪晓岚耽误了好几次，纪晓岚对他非常不满。不巧的是，这个庸医偏偏接二连三地来请求纪晓岚的“墨宝”，其用意便是想凭借纪晓岚的名望和地位来抬高自己的身价。纪晓岚一时间抹不过情面，便只好替他写了一块匾额“明远堂”。庸医看这字面是非常漂亮，于是高兴而归。其他人不明白纪晓岚题这三字究竟是何用意，于是纪晓岚解释道：“经书上不是有‘不行焉，可谓明也已矣’和‘不行焉，可谓远也已矣’的句子吗？像如此的医生，只好说他‘不行’。”听的人不禁为之而哑然。又问他：“假如这个庸医再来纠缠不休，定要配副对联，你再作何打算？”纪晓岚淡然地回答说，他早已想好了两副对联，一副五言的，只需把孟浩然一首五言律诗里的“不才明主弃，多病故人疏”两句变换两个字，成为“不明财主弃，多故病人疏”（上联中的“不明”是指医道不高明，“财主”就是指求医的病家，下联中的“故”字解释为“事故”）。而另一副七言的对联，上联是用杜甫《兵车行》诗里的现成句子“新鬼烦冤旧鬼哭”，下联用上李商隐《马嵬》诗里的现成句子“他生未卜此生休”。可想而知这两副对联后来是绝对不会写出去的，但是就其语言上对仗而言，就可以说是天衣无缝，而且无疑是引人发笑的。

纪晓岚一生都致力于编纂书籍，了解了他的书便也能从中了解他这个人的品性。《阅微草堂笔记》便是他最具有代表性的作品之一，里面所展示出的故事情节由来多源并且精粗杂陈。他既阐述出了封建上层社会的一些故老疑闻、官场百态抑或是人情反复、典章考证，也描述了下层百姓的曲巷琐谈、奇闻佚事，更或是医卜星相、神鬼狐媚。那些或高雅或俗媚，或是亦正亦邪的故事，纵横起了上下各个角度和每个层面，更是反映出了当时社会生活的现实，揭示出了当时那个不平静社会的种种矛盾，也显示出不同阶级人物的善行与恶迹。他的语言犀利，观点独特，意味深长，成为了文学界的瑰宝。

今人品读

纵观纪晓岚的一生，有两件事情是他做得最多的，其一是主持科举考试，第二个便是领导编修典籍。据记载，纪晓岚曾经有两次为乡试的考官，有6次是文武会试考官，正因为如此纪晓岚的门下士甚众，无疑在士林影响颇大。纪晓岚主持编修，次数更是数不胜数，他先后做过“武英殿纂修官”、“三通馆纂修官”、“功臣馆总纂官”、“国史馆总纂官”、“方略馆总校官”、“四库全书馆总纂官”、“胜国功臣殉节录总纂官”、“职官表总裁官”、“八旗通志馆总裁官”、“实录馆副总裁官”、“会典馆副总裁官”等。被世人称之为“一时之大手笔”，实非过誉之辞。纪晓岚的晚年，也曾自作挽联云“浮沉宦海同鸥鸟，生死书丛似蠹鱼”，堪称其毕生之真实写照。

透过纪晓岚的一生，我们不难发现作为一个文弱书生，文人也有文人的武器，能够杀敌的不仅仅是刀枪剑戟，唇枪舌剑也一样是有力的武器。所以我们应该正视自己的价值，无论身在哪一个位置，只要怀有才能，都可以成为有用之人。像纪晓岚一样，不仅能够留下如同珍宝一样的书籍供后人学习研究，还能够用他的铁齿铜牙和三寸不烂之舌留下许多为人传诵的佳话。

名家点评

河间宗伯姹，口吃善著书。沉浸四库间，提要万卷录。

——清·朱珪

江藩在其《汉学师承记》中却说，纪晓岚一生精力全都耗在《四库全书总目提要》一书，又喜欢写些稗官小说，故而“懒于著书”，他青少年时期的著作都藏在家中，未曾流传于世。

武将篇

——作战英姿挥侠胆，动荡何曾不纠结

所谓“千军易得，一将难求”，为将不是匹夫之勇，他们为了保家卫国抛头颅洒热血，他们雄才胆略，战功显赫。贵而不骄，胜而不恃，贤而能下，刚而能忍，此为将才。君主视重兵在握的他们为隐患，一生戎马、精忠报国得到的却是猜忌怀疑，得不到重用，抑或受奸人所妒，受尽暗算，他们失落、抑郁、苦闷。于其本身，身居要职的他们并非都能够一直戒骄戒躁，最终自毁前程，一失足便铸成千古遗恨者亦大有人在。

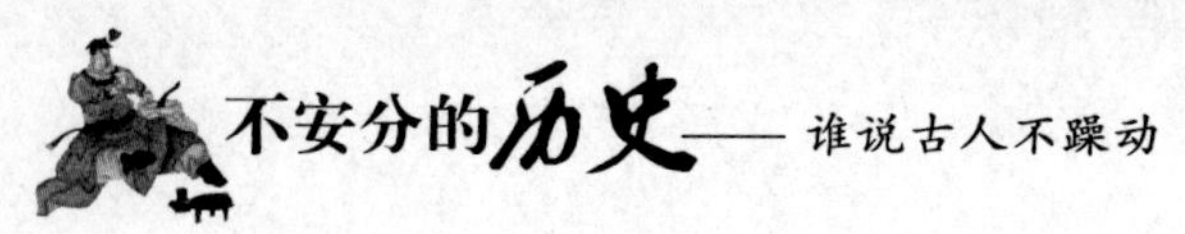

孙武：少年富有雄才略，暮年意冷隐山间

人物浅谈

孙武自幼便受到了将门家庭的熏陶，他聪慧睿智、机敏过人且又勤奋好学、善于思考、富有创见，更值得一提的是他特别尚武。“兵者，国之大事也，死生之地，存亡之道，不可不察也。”孙武光辉的军事思想和一些高深的军事论断历来都倍受历代军事家们的推崇，孙武被古今中外的军事家们一致地尊崇为“兵家之祖”。就连战国时代的吴起、孙膑和尉缭等众多的军事家都推崇孙武的军事艺术首屈一指。然而在这些功成名就的背后，有着孙武数不尽的悲酸痛楚，当他被吴王夫差听信小人谗言而日渐疏远时，当好友伍子胥因敢言直谏而遭遇赐死时，他内心怎么会心如止水？定是万般的躁动和悲哀，无奈之下他也只能归隐于山林，潜心去整理他早年的军事主张，流传于后世，令我们能够经久地传承下去。

历史的躁动

孙武作为中国古代著名的军事家，曾经率领着吴国军队大破楚军，一度占领了楚的国都，几灭亡楚国。他的巨著《孙子兵法》远远超出了与他同时代的兵法著作，为古今中外军事家所广泛推崇，更是以其卓越的见识深深影响了身为后世的我们，被誉为“兵学圣典”而置于《武经七书》之首。然而当夫差自得于吴国霸业的蒸蒸日上而不再像以前那样励精图治，不再重用功臣反而轻信小人之时，孙武心中百感交集，焦躁不安，心有不甘却又无可奈何。眼看着夫差钻入了勾践设下的圈套之中，大好的河山即将拱手让人，悲愤的孙武心灰意冷地归隐于山中了。

孙武从小就聪慧睿智，机敏过人，并且他十分勤奋好学，善于思考，富有创见，除此之外孙武还继承了他的祖父和父亲对军事的偏好，自幼特别尚武。成年后的孙武在吴国行事，他被伍子胥引荐给吴王阖闾，通过斩姬练兵很快得到了吴王的赏识。当时的吴国在伍子胥和孙武齐心协力的治理之下，内政和军事上都大有起色。因此，吴王把他们两个人视为左膀和右臂。阖闾在孙武和伍子胥共同辅佐的经国治军下制定了“以破楚为首务，继而南服越国，而后进图中原的争霸方略”。此后的几年在争霸战争中吴国变得越来越强大，开始了对越国的征战。第一次对越作战中阖闾受伤后不久便病死了，夫差子承父业，在孙武和伍子胥的辅佐下，夫差在会稽山大败越王勾践，完成了报仇雪耻的大业。勾践颇有心机向吴屈辱求和，夫差却不听伍子胥劝阻，同意了勾践的求和要求，不想却为自己埋下了祸根。在此之后，吴国以强大的军事力量为后盾，终于争得了霸主的地位。伴随着吴国霸业的蒸蒸日上，夫差逐渐开始自以为是，不再励精图治，对孙武、伍子胥这些功臣也开始不太重视，反倒重用了奸臣伯嚭。终于卧胆尝薪的勾践用美人计把夫差迷惑得不可自拔，在奸臣的挑拨下，夫差制造借口逼死了伍子胥，并且扔到了江中不予安葬，一切尽收眼底的孙武看到了夫差的无药可救，最终心灰意冷了，于是便躲进山林中开始了自己的军事书籍的编著。

夫差把伍子胥置之死地，使孙武深刻地认识到“飞鸟尽，良弓藏；狡兔死，走狗烹”的道理，追随阖闾和夫差征战数十年的他心中怎能不凄凉，看见浴血奋战换来的大好河山就要烟消云散他又怎么能够不躁狂？伍子胥的死像是对他敲响了警钟，他只能收起他那份执着于为国尽忠尽力的心意，悄然地归隐深山，根据自己长年累月训练军队、指挥作战的经验，修订了他的兵法 13 篇，使这部著作更臻完善。

今人品读

孙武的一生以伍子胥被杀为转折分为了两个时期。前期的孙武对吴国可谓是尽心尽力，他并不是一介武夫，而是一个谋略家。他虽为一个大将军，然而他并不是崇尚武力来求得自己的功成名就，他警告国君不能够因愤怒而兴兵，将帅也不可因恼火而交战，一定要瞻前顾后，以国家利益为尺度作出决策，可见他对吴国是用心用情去参政的。成就霸业后的夫差早已抛开了自己为君的准则，变得日益昏庸，沉迷于酒色，弃国家安宁于不顾，最终钻入别人设好的圈套之中。在这一过程中，孙武竭尽所能地规劝夫差，然而夫差早已色迷心窍，亲小人而远贤臣，到了伍子胥被夫差逼死，并且不予以安葬，这使同样是功臣的孙武彻底绝望了，他意识到吴国已经不可救药，伴君如伴虎倒不如归隐于山林，从此孙武销声匿迹，留给后人的却是价值连城的兵家瑰宝。

对于一个臣子来说，最大的幸事莫过于得到君主的赏识，能够发挥自己的特长为国家多做一些事情。然而千里马常有，而伯乐不常有。纵观孙武的一生，他为吴国几乎耗尽了毕生的心血，当他看到伍子胥的下场，他仿佛也同样地看见了自己，他选择归隐于山林对自己的一生做了一个总结，终于有了一部较为完善的《孙子兵法》为后人所传承、所学习，而不是坚持着去撞夫差的南墙。这也同样留给了我们后人一个启示，或许转身便有转机，不用一味地纠结于一个方向，当我们换一种思维时，或许就可以换一种心境，就可以成就另一份更有意义的事业。

名家点评

2500 多年前中国这位古代兵法家的思想，对于研究该时代的战争是很有帮助的。

——利德尔·哈特

采用中国的兵法思想指导企业经营管理，比美国的企业管理方式更合理、更有效。

——大桥武夫

《孙子兵法》一书中揭示的许多原理原则，迄今犹属颠扑不破，仍有其运用价值。

——霍吉兹

孙膑：同门相妒险丧命，残身智略顶千军

人物浅谈

战国时期有一位忍辱负重、奋斗不息的杰出军事家，他的一生坎坷不平，甚至他连自己真实的姓名都未曾留下，只是因其曾经遭受陷害受过膑刑，两块膝盖骨被砍掉，故史书上称他为孙膑。孙膑内心是悲愤的，在孙膑自己眼中看得重于泰山的昔日同门情谊，却在庞涓的心中居然敌不过权力，敌不过功名利禄。他看到庞涓因为妒忌自己的才华唯恐动摇他的地位，竟对自己狠下毒手露出狰狞的面孔，躁动的挣扎过后，他终于在精神上振作起来，成为了齐国军事谋略上的支柱；而庞涓自然最后也成了孙膑的手下败将，一命呜呼。

历史的躁动

在孙武死后100多年，又有了一个同样有着军事天赋和才华的孙膑。孙膑是孙武的后代，但是孙膑的一生在肉体上和精神上都受到了巨大的摧残，早年的他是那么勤谨好学，处世厚道，交友甚笃，与庞涓相比真可谓是大有君子风。然而庞涓因妒生恨，对孙膑竟能做出那么卑劣的行径，使得孙膑痛心疾首，或许身体上留下的残疾只是外在的，而内心受到的伤痛才是致命的。痛苦、躁动的感情纠葛着他。他隐忍着保全了自己的性命，终于在齐国大显身手，又那么巧合地在战场上与庞涓成为对手，庞涓怎能敌得过孙膑的智慧，最终也是难逃一死。

孙膑是战国中期的齐国人，少年孤苦的他年长之后和庞涓一起师从于鬼谷子去学习兵法，学习过程中就已经显示出了惊人的军事才能，却不料，他会因此而遭人暗算。后来庞涓去为魏国服务，担任了魏惠王的得力大将军，但是他想到了孙膑便开始日益心生不安，他认为自己的才能比不上孙膑，唯恐有朝一日他会在军事上压倒自己，于是便暗地里派人请孙膑来。当孙膑去到了魏国之后，庞涓唯恐他比自己更有才干，很是妒忌孙膑，于是就捏造了种种的罪名，依据当时魏国的法律用刑挖去了孙膑的两个膝盖骨，并且还在他的脸上刺上字，庞涓想用这样的方法使得孙膑这辈子再也没有办法在人前露面。但是孙膑却又怎能甘心？他只能隐忍着去装疯卖傻，等待着机会逃出庞涓的手掌。终于功夫不负有心人，齐国的使者来到魏国的都城大梁，孙膑这才伺机以一个受过刑的罪犯的身份暗中会见了齐国的来使，向他游说。一番交谈过后，齐国的使者认为孙膑的才能奇异，于是就设法偷偷地载着孙膑回到了齐国。由此孙膑的生活才有了转机，因为他超人的军事天赋，很快在齐王那里有了威望，他的军事才能也由此得以实施。在战场上相遇的孙膑和庞涓棋逢对手，“围魏救赵”之战中庞涓大军全军覆没，并且生俘了庞涓。然而孙膑并没有杀庞涓以报自己被其迫害致残的深仇，而是念及情分，把他放回魏国。这虽然是违背了他自己“覆军杀将”方是全胜的歼灭战的思想，但是，孙膑宽宏大量的大将风度却显露无遗。这样的胸襟在战国当时杀人成风、战争频繁的时期是十分难能可贵的。10 余年之后，两军再次交战，孙膑用计，庞涓在劫难逃，最终在马陵道兵败自刎。由此这段恩怨作一了结。

早期的孙膑是善良毫无戒备之心的，在他遭到原本情同手足的同门师兄的迫害的时候，他内心的悲凉是难以言喻的。面对薄情，更面对身体上的残疾，还有他那成就一番事业的理想，他迫使自己走出烦躁压抑的情绪。然而他也是充满智慧的，他也有着隐忍的性格，能够巧妙地伺机从庞涓身边逃走，最终能够在齐王的身边大有作为，成为了继孙武以后又一位杰出的军事家。当他生俘了庞涓之后，却依旧能够念着旧情放了他，这其中又包含了多少宽容，压抑了多少的愤恨。但是对手毕竟是对手，庞涓最后的结局是他给自己挖下的陷阱，怪不得别人。

今人品读

历史上的孙膑的的确确是位杰出的军事家，同时也是深知忍字秘诀的一个人。当他面对着命运的不公之时，面对着所谓的“朋友”的诬陷之时，他仍旧能够隐忍不发，潜心地等待着时机的到来。这不但需要一份惊人的耐力，同时更是要有着一种卓越的审视力和观察力。孙膑虽然身体上有了残疾，脸上也被刻了永远也抹不去的痕迹，但是外在的一切缺陷根本不会掩盖住他的智慧和光芒，他以他的才华赢得了别人的尊重，赢得了自己算得上辉煌的下半生。孙膑同样也是一个宽容的人，当庞涓被他俘获时，他并没有借机寻求报复，而是以一颗博大的心去把旧事释怀，这又需要一份怎样的容人之心，需要有多么高的思想觉悟，这绝非一般的等闲之辈可以做到的。孙膑的隐忍、孙膑的智慧与才华、孙膑的宽广胸怀，都为我们后代留下了深刻的印象，他是我们后世应该学习的典范。

透过历史的镜子，在孙膑之后又有多少人身上有着孙膑的影子。有些人身处困境，但是总能有一颗坚定的心走过人生的泥泞；有些人虽然身体上有着这样或者那样的缺陷，但是他们却可以用自己的智慧和所特有的长处弥补自己的不足，使他们甚至能够比常人更加熠熠生辉。当内心为某些事情而牵绊，斤斤计较而狂躁的时候，总会有一些人根本无法跨越自己、突破自我，那么或许他们就将会被困难踩在脚底。而那些走出挫折、跨过挫败感的人们，就会以一份新的面貌迎接新的人生，从中找到新的归宿，越来越靠近成功。

名家点评

曾嫌胜己害贤人，钻火明知速自焚。断足尔能行不足，逢君谁肯不酬君。

——唐五代·周昙《孙膑》

化友为敌，欺人人欺，妒嫉是这场战争（马陵之战）极具戏剧化的内涵所在。

——韦辛夷

廉颇：赫赫战功心坦荡，无奈君王不识心

人物浅谈

廉颇是战国末期赵国杰出的军事家，是一位远近闻名的名将，他与白起、王翦、李牧并称为“战国四大名将”。他在赵国服侍了惠文王、孝成王、悼襄王三代君王，经历了大约50多年的戎马生涯，他南征北战，攻城掠地，战无不胜，攻无不克，为赵国的兴盛建立

了不朽的功勋。在悼襄王时期，虽然廉颇忠君报国之情有增无减，一片诚心，然而他却处在了“君王惧、佞臣恨，朝不保夕”的危难环境之中。当他“奔魏大梁”之后却依旧心系赵国，当赵国受困于秦国之时，廉颇以“一饭斗米，肉十斤，被甲上马，以示尚可用”，但是在奸人的曲解之下，廉颇最终未能如愿重新驰骋于沙场而郁郁而终。

历史的躁动

廉颇是一位忠君爱国、善改错误的历史人物，千百年来“负荆请罪”的故事经久流传，从而也使得他成为中国历史上一位瑕不掩瑜的名将、一位有着独特个性的优秀军事家，深受古今中外人们的无限崇敬和爱戴。由于他对奸佞小人的嫉恶如仇，耿直的性格使他在不经意间为自己政治上的沉没埋下了祸根，廉颇在其进入晚年的时候被迫退出了历史的舞台，遭到小人的诋毁离间而奔走于他国的廉颇陷入了深深的痛楚和失望之中，满心希望再次能够担当重任，却不想到死都没有盼到那一天。正如司马光所言：“廉颇一身用与不用，实为赵国存亡所系。此真可以为后代用人殷鉴矣。”这并非只是他个人的不幸与悲哀，也更是国家的损失。

赵惠文王在位时，正值蔺相如的青年时期，那时候他与蔺相如一起创下了不少的历史佳话。最有名的就当属廉颇“负荆请罪”的“将相和”了，虽然这件事上暴露了一些廉颇性格上的缺陷，但是他勇于承认错误的精神在众人口中广为流传，两人从此结为了刎颈之交，生死与共。也正是由于廉颇和蔺相如交和，才能够使得赵国内部上下团结一致，都能够尽心报国，也由此使得赵国能够一度强盛，成为了东方诸侯阻挡住秦国东进的一座有力的屏障，秦国也在此后的10年之间未敢攻赵。

到孝成王时，长平之战中秦国使用了反间计，使得孝成王认为廉颇怯战，并强行罢免了廉颇，用纸上谈兵的赵括取而代之，最终长平之战以失败告终，40 余万赵兵被坑杀。在长平之战中，赵国损失将近 50 万的精锐部队，此后国力大大地削弱。于是秦国借此时机又发动了邯郸之战，然而在以廉颇为首的众官兵的浴血奋战和广大赵国百姓的支持下，最终取得胜利。此后又有燕军来犯，廉颇主战大获全胜，使得赵国在七国之中的地位得以提高，同时也增强了赵国的实力，并且锻炼了赵国的将领。在孝成王末年，廉颇又带兵攻取了魏地繁阳，从而说明赵国国力逐渐开始恢复。直到了悼襄王即位之后，襄王十分昏庸，听信了当时奸臣郭开的一些谗言而解除了忠臣廉颇的军职，派乐乘代替了廉颇。廉颇也因为受排挤而发怒，攻打乐乘后，离开赵国投奔了魏国大梁。此后当赵国多次为秦国所困时，襄王再次想到了廉颇，派人去探是否可用，使者被奸人所收买，曲解廉颇意味深长愿再次为国尽忠的含义，使得廉颇最终也未能达成心愿，由此郁郁寡欢，不久便与世长辞。

在关于廉颇的战例记载之中，他几乎没有一次失败的记录，可以说廉颇就是一个战神。然而盖世的英雄遇上昏庸无道的昏君和奸佞的小人，这不仅使廉颇个人受到打击，连国家的稳定都受到了破坏，比如说长平之战的悲惨结局。这也就充分地证实了廉颇“人在阵地在，人去军队亡”的一个客观的事实，从而使廉颇名列中国著名成功军事家的行列之中，相比于行列中其他人而毫不逊色。

今人品读

廉颇不仅有着军事家威猛过人的勇气和十分丰富的战斗经验，他的优良品德也表现在多个方面。他本身具有着政治家的品德风范，他可以以国事为重，在关键的时刻能够勇于挑起重担，更敢于战斗，特别是他敢于承认自己的错误。然而可悲的是赵国的国君却是一代不如一代，一直到赵孝成王之后，主子昏庸，奸佞当道，逼得良才出走，客死他乡，边塞良将饮恨喋血，不能战死沙场，却屈死在昏君佞臣的手里，最终导致亡国。廉颇也为此受到了很大的打击，在别人眼中熠熠生辉的才能却不能被君主所赏识，立下了汗马功劳却还是被猜忌和防备。廉颇的内心必然受尽了煎熬，躁乱与愤懑堆积了他整颗心脏。怀才不遇既是廉颇个人的悲哀，更是国家的不幸。有一篇古风写出了当时赵君的昏庸：“可叹赵地多瘦土，良木稀疏谬木稠。白云山石锁虞卿，沙邱宫墙困主父。纸上谈兵误世稷，梦里闻琴植祸梏。相如豪气成故事，廉颇长戟生楚锈。赵奢遗言难矫枉，李牧冤魂不瞑目。庙堂有虫蠹栋梁，边塞无将守疆土。拍案寄语太史公，笔伐奸佞力未透。徜使灵台雄主在，西秦帝业肯成否?”赵国的败落不免惹人深思。

古人云：“以史为鉴，可知兴替。以人为鉴，可知得失。”廉颇的现象便是一面镜子，廉颇文化的研究对于今天来讲同样具有广泛的现实意义。当自己的才能得不到重视时，并不能自甘堕落，也不能就此放弃了对梦想的执着，还是应该依旧保持着良好的心态，去挖掘自身更深或是更广的潜力。此外，妒忌是人们进步的敌人，我们应该在第一时间认识到自身的错误，像廉颇一样敢于承认和改正，这才能使我们的人生越走越完美。

名家点评

廉颇一身用与不用，实为赵国存亡所系。此真可以为后代用人殷鉴矣。

——北宋·司马光

秦败于阏与，反攻魏几。廉颇救几，大败秦师。

——《战国策》

韩信：英勇善战智谋多，谁料事后成隐患

人物浅谈

韩信是西汉的开国功臣，是我国古代历史上杰出的军事家，为汉朝的天下立下赫赫功劳，“汉初三杰”之一。韩信是中国军事思想“谋战”派的一位重要的代表人物，被后人奉之为“兵仙”、“战神”。可以说古时候的“王侯将相”韩信一人全任。楚汉之时人说他“国士无双”、“功高无二，略不世出”。然而人无完人，韩信由于性格和个人品质上的一些弱点，几次在关键时刻都优柔寡断，躁动而听信谗言，加之在政治上的严重失误，最终死于非命，并被诛灭三族。一代名将，死非其所，令人扼腕叹息。当然如韩信所言：“‘狡兔死，良狗烹；高鸟尽，良弓藏；敌国破，谋臣亡。’天下已定，我固当烹！”他居人臣之位，戴震主之威，挟不赏之功，这对于他最终的遭遇也是有着一定的影响。

历史的躁动

韩信是继孙武、白起之后又一卓越的军事将领，其最大的特点是用兵灵活。韩信可以称得上是中国战争史上最善于灵活用兵的一位将领，他指挥的井陉之战、潍水之战都是战争史上的杰出战例。同时韩信也是一位谋略家，他在汉拜将时的分析言论，成为了日后楚汉战争胜利的根本方略。作为全军的统帅，一人之下万人之上，他率军出陈仓、定三秦、擒魏、破代、灭赵、降燕、伐齐，直至垓下全歼楚军，其中无一败绩，天下莫敢与之相争。作为军事方面的

理论家，同张良整理兵书，并著有兵法三篇。取得了如此多的成就证明了韩信是一个有才识和天赋的将领，但是正是这些成就也使得韩信自身的性格缺陷暴露无遗，浮躁的心境使他不断地邀功，更变得越来越目中无人，并且动了大逆不道反叛的念头，这些举动无疑会将政治上并不成熟的韩信引入绝境。

韩信在军事上的才能是毋庸置疑的，然而在政治上却是十分幼稚的且缺乏政治主见。当韩信引兵东进击齐之时，明明得知谋士郦食其已游说齐国归汉，然而韩信为了邀功，听信了辩士蒯通的谗言渡河攻齐，这样一来必然造成了军队不必要的牺牲，且断送了特使郦食其的性命，更使刘邦背上了背信弃义的恶名。这无疑会使君臣之间的关系有了阴影。当项羽派武涉游说韩信归楚时，韩信虽然以汉王对其有知遇之恩而回绝，但是当蒯通用相人术劝说韩信，挑拨其与汉王的关系时，他虽未直接自立为王，却在汉王“荥阳之急”时讨王封赏。对于类似于这种乘人之危、逼宫似的做法，君臣之间必然将会产生裂痕。当刘邦约韩信、彭越南下合围楚军之时，二人并未如期南下，而是扩大了封地之后才出兵。这无疑进一步加深了裂痕。刘邦在胜利之后就驰入韩信的军中，收夺了他的兵权，改封其为楚王。然而此后的韩信依然不懂得稍作收敛，明知道项羽的逃亡将领钟离昧是刘邦当时正在追捕的逃犯，却还是收留了他。当刘邦说要出外巡视会见诸侯，通知诸侯到陈地相会之时，韩信再次摇摆不定，最终卖友求荣，刘邦终于不能容忍韩信这个威胁便将其软禁在身边，贬他为侯。被贬之后的韩信深感内心不平衡，怨天尤人，称病不去上朝，对同僚也毫无尊重可言，最终大家对他的同情也没有了，在吕后和萧何的计谋下丧命。

韩信没有败在战场之上，却着实败给了自己，这并不能全怪统治者“兔死狗烹”、“鸟尽弓藏”，而是韩信的私心着实太重。他虽然是一个有功之臣，却因为自己的功劳大而一味地纵容自己，并且乘人之危，逼宫似的邀功请赏，要求封王封地，这些过激的行为怎能让一个君王安心？韩信因为军事上的天赋使他很快成功，却又因为这些功劳使他的心越来越浮躁，变成了一个孤傲甚至不把君王命令放在眼中的人，这样的做法也有损于忠义。韩信在政治上的幼稚，是断送他性命的根本原因。

今人品读

在那个群雄割据、逐鹿中原的年代里，在这些叱咤风云的将领之中，其中最耀眼的明星当属一位世间奇男子——韩信。从军事才能上说，韩信可谓是无人能敌的，他用他的军事才能为刘邦争得了江山。然而韩信又是愚钝的，在政治上是极其幼稚的。他听信奸人的蛊惑，如浮萍般摇摆不定，要求封王封地，包庇罪犯，这无疑一次又一次刺激着刘邦紧张的神经，一步又一步地触及刘邦的底线，最终难逃一死。这样的后果来自于韩信成事之后的躁乱与狂妄，贪图于自身的权利和名望，做出一些过激的行为，又对朝廷的同僚恶言相向，毫无尊重可言，狂妄自大的韩信终于使人们由对他的同情转向对他的厌恶，在吕后与萧何共同设计下一命呜呼。一代名将，却死非其所，实在是令人扼腕叹息。

审视韩信的一生，我们不仅充满了叹息，他好不容易得到了明主的赏识，也冲破了层层的难关取得了骄人的成绩，然而他在与君主、与群臣共处的几年之中未能学会和人如何相处，而是一味地认为自己取得了巨大的功劳，甚至不把刘邦放在眼中，大事未成便开始邀功请赏。身为后人的我们也应该从中参悟出一些道理，当取得了一些成绩之时不能开始骄傲和浮躁，这种情绪只能使得我们失去对事物的判断和辨别能力，做出一些难以挽回的错事，可能会使原本得到的又统统丧失。这种情绪无疑会成为我们前进道路上的绊脚石，阻碍我们进一步成长。

名家点评

予览观古兵家流，当以韩信为最，破魏以木罂，破赵以立汉赤帜，破齐以囊沙，彼皆从天而下，而未尝与敌人血战者。予放曰：古今来，太史公，文仙也；李白，诗仙也；屈原，词赋仙也；刘阮，酒仙也；而韩信，兵仙也！然哉！

——明·茅坤

观信引兵法以自证其用兵之妙，且又著书三篇，序次诸家为三十五家，可见信平日学问本原。寄食受辱时，揣摩已久，其连百万之众，战必胜，攻必取，皆本于平日学问，非以危事尝试者。信书虽不传，就本传所载战事考之，可见其纯用权谋，所谓出奇设伏，变诈之兵也。

——清·王鸣盛

卫青：贫贱出身受凌辱，一身赤胆报国家

人物浅谈

历史上的卫青是汉武帝时期能征善战的一位著名的常胜将军，他是抗击匈奴的一位主要的将领，更是华夏杰出的志士。卫青是霍去病的舅舅，此二人被并称为“帝国双壁”。卫青开启了汉对匈奴战争的新篇章，也为汉朝北部疆域的开拓作出了重大的贡献，他七战七捷，无一败绩，他体恤士卒，威信很高，为历代的兵家所敬仰。然而谁又得知这样一个名将少年时生活在怎样的一个环境之中呢？

身为私生子的卫青自小受尽了凌辱，父不疼，母不养，在其父家中受尽了异母兄弟姐妹的欺辱。自小生活在如此不堪的环境之中的卫青，内心的压抑和躁乱使他多么渴望有一天功成名就，怀有才识的他最终把握住了机会，成了令人敬仰的将军。

历史的躁动

卫青是中国历史上为人熟知的杰出将领，他率军与匈奴部队作战，屡立战功。但卫青并没有因为自己取得了骄人的成绩便目中无人，相反卫青从不结党干预政事，礼贤下士，对官兵也甚为关心，在军中的威信很高。他的战功、他的将才是为人所熟知的，但是在这光环的背后却有着卫青一生都不愿意记起的伤痛，那就是自己的身世和幼年的遭遇。身为私生子的他受尽了凌辱，成年后的他开始也难以摆脱骑奴的身份。这样的生活环境压抑着卫青的神经，躁动与悲凉使他陷入了深深的自卑之中不能自拔。然而上天对他还是眷顾的，姐姐卫子夫的入宫得宠使得他有了平步青云的机会，也给了他施展才华的平台，终于功成名就。

一代名将卫青开启了汉朝对匈奴战争新的历史篇章，他七战七捷，无一败绩，早已传为佳话，为人熟知。那么身为一代名将的卫青早年的生活又是什么样子的呢？据记载，卫青的生身母亲卫媪，当时在平阳公主的夫家做女仆，与同在平阳侯家里做事的县吏郑季私通，进而生下了卫青。卫媪深感供养卫青非常艰苦，就把他送到了其生父郑季的家中，由此开始了卫青最为艰难的一段生活。《史记·卫将军骠骑列传》中记载："青为侯家人，少时归其父，其父使牧羊。先母之子皆奴畜之，不以为兄弟数。"这句话清楚地记载了卫青早年的遭遇，生父郑季的原配夫人对卫青没有好脸色。而郑季自己犯错私通在先，也自知理亏，只好让卫青上山放羊。卫青异母所生的兄弟姐妹更是瞧不起他，对他呼来喝去，百般欺凌。母亲养不起，父亲不疼爱。地位低下身为私生子的卫青就是在这样的环境下成长起来，在这期间他受尽了苦难，这无疑在他性格的形成上打下了一道深深的烙印。从此也就比较地坚强早熟，也养成了谦卑隐忍的个性。当卫氏一门声名显赫之后，“生男无喜，生女无怨，独不见卫子夫霸天下”的歌谣在京城中流传，其意思是说卫氏一门的显贵全部应该归功于卫皇后。但实际并非如此，虽然在两汉时期左右朝政的外戚大多数是靠裙带关系窃居于高位的，但是卫青和霍去病却是凭借浴血奋战、出生入死、为国出力换来的。也正是因为如此，即使到后来卫子夫失宠，二人在朝廷中的地位也丝毫未被动摇。

一个人的个性在很大程度上会受到少年时代的境遇和成长的环境的影响。就像刘邦虽然成了皇帝，仍然摆脱不了他早年的那些流氓习气，开口就会骂人。卫青的身世背景，也同样带给了他强烈的自卑感。在卫青成年以后，在甘泉宫，偶遇一个髡钳之刑的囚徒。此人声称自己熟习相术执意给卫青算了一卦，算完之后郑重其事地说：“你将来必定是一个贵人啊，官可以做到封侯。”当时卫青神情自若既未欣喜也无惶恐，只是淡淡一笑说道：“我这么一个家奴所生的孩子，不挨打便已知足，怎么还会妄想封侯呢？”古人每次讲述贫寒者发迹时都会讲到仙人指路，就像张良的黄石公授书，汉武帝外祖母臧儿的“两女当贵”，汉武帝的生母王娡的“梦日入怀”等等，多半都是后来人的牵强附会。谁又能够体会到成事者本人背后种种的艰辛，又有谁能读得懂卫青那一笑里的凄凉呢？

今人品读

历史上称卫青为一位华夏杰出的常胜将军并不为过，纵观卫青的发迹史，他从平阳公主手下的一介骑奴，一直到后来的大司马、大将军，这其中成功的原因有很多。当然卫青的军事天赋是主要的原因，他对匈奴七战七捷不能说他是因为幸运，若是没有军事头脑是做不成的。在为人处世方面，卫青始终保持着低调，这是他一直到死都官居显赫的重要原因。

卫青少年时所生长的环境既给他带来了巨大的痛苦，同时也给他日后性格的养成带来了一些帮助。卫青出身低微，唯恐别人说三道四，所以不管什么时候，为人一直谦和，即便有了功劳也不会全部归结在自己的身上。少年时期遭遇的痛楚也使他能够压抑住自己成年后遭受挫折时的躁动，也锻炼了他刚毅的品性和谦卑隐忍的个性。另外也激发了他昂扬的斗志，一旦遇到时机便能够一举成名，在这一点上不得不为人所折服。

古往今来有多少人的生长和生活环境是不尽如人意的，面对这样的环境他们的压力是要大于常人千百倍的，然而总是会有一些人不被内心的躁乱与抑郁所压倒，而是凭借自己的胆识，看到自己的闪光点，进而能够终有所成；也有一些人在躁乱心境的影响下，在自卑中无法站立，不曾尝试便已经放弃，根本无法克服环境所带给自己的负面影响，这样的人终究是难有所成。常言道：机会是给有准备的人准备的。当我们发现了自己的弱点，就应该尽力去克服，把弱点转化为优势，像卫青一样成就一个别样的自我。

名家点评

青武刚车之战，气震北虏，而去病斩馘虽多，非青比也。太史公特抒愤懑之词，无限累欷。又曰：大将军此战极为奇绝，以不得并骠骑益封，故太史公尽力描写，令人读之凛凛有生色。

——明·茅坤

大将军至尊重，而天下之贤士大夫无称焉

——东汉·班因《汉书》

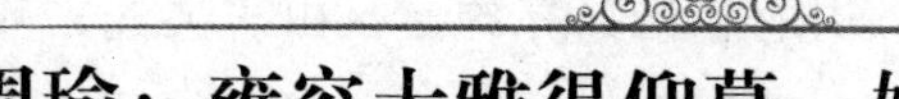

周瑜：雍容大雅得仰慕，妒才成疾苦闷终

人物浅谈

周瑜是东汉末年东吴的一位名将，因其相貌英俊而有了“周郎”之美称。周瑜精通于军事，同时又善于音律，江东向来都有“曲有误，周郎顾”之语。在《三国演义》中，周瑜指挥的赤壁之战以火攻击败曹操的军队，奠定了三分天下的基础。然而周瑜虽有大才，可惜心胸却狭窄。所谓“既生瑜，何生亮”，这是周瑜躁动之心的真实写照。因为诸葛亮的相貌伟岸和经天纬地之才，引起了周瑜嫉妒之心，当诸葛亮一句“周郎妙计安天下，赔了夫人又折兵”直戳到周瑜的心脏，使周瑜口吐鲜血，抑郁成疾，直到死都不能瞑目。身为一位将才未能死于战场，反倒败给了自己心绪的躁乱与妒忌，不得不令人深感惋惜。

历史的躁动

周瑜这个名字，虽谈不上是家喻户晓，但至少是名扬中外。但是终归是人无完人，“既生瑜，何生亮”，这无疑也暴露了他性格上的缺陷。周瑜也算是一代枭雄，论智谋，他和诸葛亮不相伯仲，但他才华横溢、智计百出却无容人的胸怀，他未曾去对自己躁动的心态绪以抑制，反而纵其发展。为将者要有广阔的胸襟，而他的胸襟着实太小，因而留给后人一个小肚鸡肠的印象。诸葛卧龙三气周公瑾，周瑜妒才，他不能容忍别人超越他。也正是他的心胸太狭隘，所以是他自己把自己给气死的。“既生瑜，何生亮？”狭隘的心态使得他在36岁的大好年华吐血而亡。

围绕周瑜与诸葛亮的较量，便有了“诸葛卧龙三气周公瑾”的传说。据说孔明智激周瑜，周瑜和诸葛亮约定，由东吴先去攻打南郡，这结果是周瑜身中毒箭，强忍伤势将计就计引出南郡守军大败曹仁，但是诸葛亮却乘机夺取了南郡等地，既没有违约，又夺取了地盘。周瑜当时便气得金疮崩裂。此谓第一气。再者，便是现在俗语“赔了夫人又折兵”的由来，当时孙权按照周瑜的计策想以替孙小妹招婚的名义来诓刘备到江东然后将其杀掉。然而不料结果却是刘备根据孔明的锦囊妙计成功地娶到了孙夫人。周瑜又欲用声色去迷惑刘备，想使刘备长期地与诸葛亮、关羽、张飞等人隔开，从而丧失掉雄心。诸葛亮又施妙计使得刘备能够安然地返回到荆州，并且在此其中还让周瑜中了埋伏。当士兵讥讽周瑜说道：“周郎妙计安天下，赔了夫人又折兵。”周瑜被气得吐血。再次，刘备向东吴借取了荆襄九郡，以图谋发展和更加地壮大自己，然而东吴却因怕日后对自己构成威胁，曾经多次去要求归还荆州。刘备与孔明以攻取了西川之后必还荆州为由，却又迟迟不肯去攻取。周瑜气急败坏，想出了过道荆州去帮助刘备攻取西川，因为攻取西川必经荆襄，周瑜实则是为了攻取荆州。诸葛亮识破他的想法，从而使得周瑜被围，周瑜气急又加之旧伤复发，大呼三声：“既生瑜，何生亮。”没回到柴桑，就在巴丘一命呜呼了。

周瑜绝对不是一个才华上亚于诸葛孔明的人，假如他的心态可以摆正，而不是妒忌和斤斤计较别人比自己强的地方，也不会英年早逝，相信还会有如同赤壁之战这样传奇的战役发生，相信他的智计百出也会流传许多在民间。周瑜在他36岁之时一病不起，历史记住了他韶华盛年的模样：“遥想公瑾当年，小乔初嫁了，雄姿英发，羽扇纶巾，谈笑间，樯橹灰飞烟灭……”这可能并不是一件憾事。然而周瑜纵有大才，可惜却是心胸狭窄。诸葛亮却是相貌伟岸，又有着经天纬地之才，周瑜所生的嫉妒之心，是他心中的病根，是他无法端正自己心态的结果，可以看出一个人的心态对于一个人成长的作用是至关重要的。

今人品读

由此可见，心态就如同是一匹脱缰了的野马，既可以驰骋万里，同样也可以践踏庄稼，这就需要我们自己用熟练的技巧去驯服、去压抑。心态就如一股流水，它既能够滋润禾苗，也同样能够颠倒毁灭一切，这都说明需要我们用成熟的人格去为之引流。当年的李世民能够以其宽容的心态去接纳直言敢谏的魏征，君臣携手共同开创了名扬古今的“贞观之治”。而曹操却以其“宁负于人”的偏激错误的心态获得了千古的骂名。由此观之，心态能够左右一个社会人的社会际遇。拥有良好的心态便是决定于一颗宽容伟岸的心，决定于有一个成熟的思想。它是心灵的愈伤剂，能够为你抚平心灵上所遭受的伤痕。同时它也是生活中的调味剂，使你的生活中充满了甜蜜和美好。而偏激就如同周瑜的不良心态，犹如心灵上的锈迹斑斑，这种特殊的“锈”的传染力极强，它会让一个人的心灵逐渐锈死，从而使你变成一个麻木没有知觉的人，也从而使得我们自己的生活变得乏味，并且充满着仇恨和自私。

通过历史我们可以了解到一个个传奇的历史人物，我们在欣赏到他的才华与光辉事迹的同时，更不能忽略了这样一个历史人物所带给我们的启示，从了解和学习中扬长避短。我们应该保持着一个良好的心态，当看到别人的才华优于自己之时，并不应该产生妒忌的心理，永远谨记着“三人行，必有我师”的名言警训，更要有海纳百川的度量，这样才能成就一番事业，而不是像周瑜一般因妒丧命，实在可惜了一身的才华。

名家点评

公瑾卓尔，逸志不群。总角料主，则素契于伯符；晚节曜奇，则叁分于赤壁。惜其龄促，志未可量。公瑾英达，朗心独见。披草求君，定交一面。桓桓魏武，外讬霸迹。志掩衡霍，恃战忘敌。卓卓若人，曜奇赤壁。三光参分，宇宙暂隔。

——东晋·袁宏《三国名臣赞序》

呜呼！使周公瑾而在，其智必及乎此矣。吾观其决谋以破曹操，拓荆州，因欲进取巴蜀，结援马超以断操之右臂，而还据襄阳以蹙之，此非识大略者不能为也。使斯人不死，当为操之大患，不幸其志未遂而天夺之矣。孙权之称号也，顾群臣曰："周公瑾不在，孤不帝矣。"彼亦知吕蒙之徒止足以保据一方，而天下之奇才必也公瑾乎。

——南宋·陈亮《史论酌古论吕蒙》

关羽：挥刀五关斩六将，失控中计千古恨

人物浅谈

关羽是东汉末年著名将领，他从刘备起兵开始便追随于刘备，是刘备最为信任的将领之一。关羽的人品也是值得人们称颂的，当时曹操纵虎归山，成全了关羽之义，难能可贵，然而关羽报恩后去，进退雍容，也教人心折不已。当时关羽明言"立效以报曹公乃去"可谓光明正大、不讳。当关羽杀死了颜良之后，曹操对他厚加赏赐，然而关羽却"尽封所赐，拜书告辞"，可谓磊落坦荡，更是恩怨分

明。然而人无完人，关羽的身上有着不少的缺陷，他极为自负的个人英雄主义，使他不听他人之言，躁动的心绪使他变得偏执不堪，加上用人的不当最终导致了他“大意失荆州，败走麦城”，父子同死，让人不胜欷歔。

历史的躁动

关羽的一生忠义无双，被中国人称为“关公”。在关羽去世后，其形象逐渐被后人神化，奉为武圣。在文武庙中，他与孔子并祀，可见关公在人们的心中留下了一个多么完美的形象。关公已经成了一种文化；也有人说关公是一种精神，是忠义的化身。他经历代朝廷褒封，在清代时被奉为“忠义神武灵佑仁勇威显关圣大帝”。然而纵观历史和一些典籍，也不难发现关于关羽性格上的一些缺陷，未经神话渲染的关羽也有着常人的一些躁动和自负。“大意失荆州”并不是不留神就把荆州丢了，照《资治通鉴》的史实上看，关羽的失败根源于他一系列的失误，他性格上的主要缺陷也暴露无遗。

就当时的政治时局，在外交方面，其与东吴的战略联盟伙伴关系是蜀汉集团最为重要的资本之一。而当孙权向关羽求亲，要为他自己的儿子迎娶关羽的女儿之时，关羽却一口回绝，而且还诟骂使臣“虎女焉能嫁犬子”，更是让孙权气上加气。而当时正值关羽北伐，大破曹操的手下于禁，并且接收了他的部队，粮草不足时居然跑到了孙权的领区去抢粮。在此之前，刘备借荆州而不还已经闹得是不愉快了，以湘水为界来平分荆州才使得双方得以和解，这时候关羽还跨湘水而开孙权的粮仓就食，也就无异于是撕毁了和约，孙权自然也就找到了出兵的合理借口，遂即全军出动，给了关羽那致命一击。而最致命的当属关羽用人不当，他没有把大本营托付给最有才干的人。关羽把基地留给了糜芳与傅士仁，此二人能力不足，因此供应前方军需常常不能及时，张口即来的关羽总是大骂着“等我班师，军法伺候”，两人遂生叛变之心。从而也成全了“士别三日，刮目相看”的吕蒙能一仗不打就拿下荆州，又一仗不打就击溃关羽大军。可以说关羽是个人英雄主义过强的一个人，关羽也只是一个很好的将领，而在他的身边也都是一些听命行事的人，所以他也才会把重要的后方基地留给了两个蠢材，并且大军在外，也不曾看到有哪位谋略之士能够为他出谋划策，由此可见的是，关羽的军事行动几乎就仅仅是他一人去掌握的。关羽的“大意”不仅断送了他们父子的性命，同样为刘备的整个政权也带来了巨大的负面结果。首先刘备从西川起兵东征企图为关羽报仇，不想却又被陆逊火烧连营，兵惨败于夷陵。其次是诸葛亮的“隆中对”为刘备大军所设计的战略是：“雄据荆、益二州，外连东吴，内修政治，然后两道北伐，统一中原，恢复汉室。”然而不想最后却因为关羽那致命的、所谓的“大意”，“隆中对”的战略破坏殆尽，两道的北伐成了六出祁山，蜀汉的大业也终于无法完成，实在令人惋惜。

柏杨所做出的评论是非常准确的：“当年的汉高祖刘邦能够把基地关中留给萧何去驻守，而刘秀也能够把基地河内留给寇恂来主持，枭雄曹操亦能够把许县屯田交付给枣祗，由此可见有指挥才能的人都会把基地托付给军队中最有才干、最能胜任的人，用以提供源源不绝的粮草与兵源，却只有关羽任命两个自己最不信任的蠢材去守基地。”在关羽的大军之中所有的光彩无疑都是定格在他本人骑着赤兔马、挥着青龙偃月刀就能战无不胜的光辉的时候，在关羽的自负和大英雄主义的映衬之下，别人的价值都体现不出来，其他人又能如何被激励？如何去甘愿效忠呢？

今人品读

在当时虽然对故主的忠诚依旧是东汉士风的一种外在的展现，但是关羽所能展现出来的博大精神却格外光明正大，绝非像同一时期的一些忠于故主的行为。这可以说关羽本身就是具有非常崇高的人格特质的，这是一种内塑的天性，而非因外在的风气所能够导致的。孟子曰："富贵不能淫，贫贱不能移，威武不能屈。"无疑关羽就是这样的一位敢作敢为的大丈夫。然而关羽之所以会失败，最主要的原因在于他个性的骄矜不容人，且缺乏一个成型的圆滑的政治手腕来处理荆州的问题，最后他在外两面受敌，又遭受到了内部下属的无情反叛，最后只能是不得不败。据说当时刘备称帝，封了五虎上将，其中有一个像老兵一样的人物黄忠，当时的关羽就耻于与他并列而大发雷霆，差一点不肯受封，由此可见他是如何的自负。他甚至连孙权都不看在眼里，而自比为虎，比喻孙权为犬，这点就能把关羽的浮躁彻底地显露出来了。

身为后人的我们以史为鉴，可知兴衰。无论做什么事情，都不应该小视别人，而大视自己；反之，纵使一个人再如何的有才干，也都不会有好的下场，这就有如关羽。传媒介质中时常报道着某某著名的企业家、某某杰出的青年、某某名星、某某行业的大王突然栽下马来的可悲的消息，当在我们分析其"走麦城"的原因之时，往往都是如出一辙的说法：受某某思想的影响，经受不住某某的诱惑，或者是把握不住自己，于是铤而走险。我觉得，这样分析是有一定的道理的，但是失于肤浅，或者说这说得很不全面。对名人马失前蹄，只分析其个人的因素，没有分析其所受环境影响的因素。很多的人除了骄傲以外，都是人们给捧杀的。由此更应该给我们现代人以启示，不能为浮躁的内心改变了我们为人的目标和初衷，从而使自己立于不败之地。

名家点评

汉末才无敌，云长独出群，神威能奋武，儒雅更知文。天日心如镜，《春秋》义薄云，昭然垂万古，不止冠三分。赤面秉赤心，骑赤兔追风，驰驱时无忘赤帝。青灯观青史，仗青龙偃月，隐微处不愧青天。

——《三国演义》

斯人长而好学，读左传略皆上口，梗亮有雄气，然性颇自负，好凌人。今东西虽为一家，而关羽实熊虎也，计安可不豫定？

——吕蒙

孟起兼资文武，雄烈过人，一世之杰，黥、彭之徒，当与翼德并驱争先，犹未及髯之绝伦矣。

——诸葛亮

岳飞：身先士卒生不悔，奸人害下成冤魂

人物浅谈

“怒发冲冠，凭栏处，潇潇雨歇。抬望眼，仰天长啸，壮怀激烈。三十功名尘与土，八千里路云和月。莫等闲，白了少年头，空悲切。”南宋江山，沦落半壁，岳飞当时怀着一个怎样悲切却又无奈的心情写下了这首震撼人心的《满江红》呢？岳飞是一位中国历史上著名的战略家、军事家、民族英雄和抗金名将。他凭借他卓越的军事才能，被誉为是宋、辽、金、西夏时期最为杰出的军事统帅和连结河朔之谋的缔造者，同时他又是两宋以来最年轻的建节封侯者之一，他也是南宋中兴四将之首。然而英雄难遇圣君，满怀抗金报国激情的岳飞最终也难逃奸人陷害，以“莫须有”的罪名被赐死，令人痛惜。

历史的躁动

岳飞作为中国古代历史中的一员猛将，其精忠报国的精神已深深地震撼着中国各族人民的心。岳飞在出师北伐、壮志未酬的悲愤心情之下所写的壮怀激烈的千古绝唱《满江红》，至今仍然是令人士气振奋的一篇佳作。岳飞率领的军队被称作为“岳家军”，“撼山易，撼岳家军难”是民间对“岳家军”的最高赞誉。提到岳飞就无法回避令世人所唾弃的秦桧，一句“其事莫须有”，使得一位忠臣良将的性命就此葬送。“靖廉耻，犹未雪。臣子恨，何时灭？驾长车，踏破贺兰山阙！壮士饥餐胡虏肉，笑谈渴饮匈奴血。待从头，收拾旧山河，朝天阙！”这一段词写出了岳飞的凌云壮志，但他终生追求的梦想终究还是没有实现。

岳飞自北宋末年便从军参加了征辽战争。南宋初他随王彦在河北一带抗金，后又参加了开封保卫战。岳飞随军南下后，在抗金战争中多次立功，一直到岳飞率军去伏击北撤之金兵、收复建康府之时，此时的岳飞已经经历了大小200余场战役，因其英勇善战而声誉日高，很快就升任为独当一面的将领。30岁之时已经成为了守卫长江中游的一名主帅。岳飞一生所念念不忘的便是北伐中原、“还我河山”，他曾经书写下了流传千古的豪词——《满江红》，高歌：“三十功名尘与土，八千里路云和月”，“靖康耻，犹未雪。臣子恨，何时灭？”“壮士饥餐胡虏肉，笑谈渴饮匈奴血！”然而就在抗金战争取得辉煌胜利的时刻，朝廷却急令岳飞“措置班师”。就在这要么班师、要么丧师的难以抉择的形势下，面对着权臣用事的乱命之下，岳飞为了保存这股抗金的实力，不得不忍痛而班师。“十年之功，废于一旦！所得诸郡，一朝全休！社稷江山，难以中兴！乾坤世界，无由再复！”这是岳飞内心的愤怒，对朝廷绝望的呐喊。岳飞的抗金战斗至此被迫中断。岳家军班师之时，岳飞心系百姓，痛惜百姓的疾苦。为了能够保护平民百姓的生命和财产，岳飞扬言次日渡河，金兀术吓得连夜弃城北窜，准备北渡黄河，使得岳飞得以从容地组织河南大批的人民群众南迁至襄汉一带，才撤离了中原。此后无奈的是金兀术不费吹灰之力，又重新占领了中原地区。这是多大的悲哀，朝廷的无能怎么能对得起浴血奋战的岳家军？

回到临安的岳飞非但不能因抗金立功受赏，反而立即陷入秦桧和张俊等人布置的罗网。被诬告为“谋反”，被关进了临安大理寺。他们对岳飞刑审、拷打、逼供。然而牢狱之外的宋金政府却正在策划第二次和议，抗战派居然成了双方的眼中钉，金兀术写信给秦桧：“必杀岳飞而后可和。”无奈正气凛然、光明正大、忠心报国的岳飞居然成了无能政府求和的筹码，最终秦桧以“莫须有”的罪名将其杀害。岳飞虽然被无情地杀害了，但是他那份精忠报国的业绩是不可被磨灭的。岳飞表达了被压迫民族的要求，坚持了崇高的民族气节，在处境非常危难的条件下，坚持了抗金的正义斗争，岳飞真不愧是我国历史上一位杰出的民族英雄。

今人品读

岳飞自20岁从军开始，一直到39岁被害，他的一生戎马倥偬，战斗在抗金的最前线，并且时时不忘以恢复中原为已任。他所领导的“岳家军”纪律严明，骁勇善战，沉重地打击了南侵的金兵。有人曾经问岳飞，天下何时才能够太平，他答道：“文臣不爱钱，武臣不惜死，天下太平矣。”的确，像岳飞这样的“既不蓄姬妾又不营私财”的作风正派的官员，在中国古代的社会里是非常罕见的。但是，在当时这种危机的情势下，岳飞越是廉洁正直，秦桧对他就越是忌恨，必欲除之而后快。一代抗金名将最终不是牺牲在了他所忠诚和执着的战场上，而是死于自己所费尽心力保卫的朝廷之手，就在“莫须有”的罪名下，含冤而死。临死之前，他在供状上写下了

“天日昭昭，天日昭昭”8个大字。这是他心底最为悲愤的呼喊！不禁令后世之人对他产生了无尽的痛惜和由衷的崇敬之情。

从岳飞的身上，我们读出了一个爱国将领的悲哀，我们看到了他身上流淌着的滚滚热血。精忠报国、浴血奋战的十几载却换回了“莫须有”的罪名，实在令人心寒。岳飞虽然死了，岳飞的精神却流传千古；秦桧这个卖祖求荣的求和派虽然杀了岳飞，却遗臭万年，令他的后人都无法抬起头来，因他而耻。后人甚至在岳飞庙中都会摆着低头跪拜赎罪的秦桧，这确立了忠奸的鲜明对比，值得后人思索。这更警醒着后人永远要像岳飞一样昂首挺胸做人，面对祖国和集体的危难能够大义凛然地舍弃自己的利益而顾全大局，岳飞的精神会久久流传于历史的长河中，为人们所铭记。

名家点评

岳先生，我宋之吕尚也。建功树绩，载在史册，千百世后，如见其生。至于笔法，若云鹤游天，群鸿戏海，尤足见干城之选，而兼文学之长，当吾世谁能及之。

——南宋·文天祥

岳家军的战斗实践，证实了它的战斗力之特别强大。至于其所以特别强大的原因所在，固与岳飞平素的操练和教阅分不开，而更加重要的，则是因为具备了两个条件。这两个条件，都具体反映出来，岳飞是如何地要把他的部队与人民大众紧密联系起来；从而还具体反映出来，岳飞确实是一个卓荦超群的战略家和军事家。

——邓广铭

诗人篇

——挥洒墨泪尽情怀，尽书此生怨愤词

他们是文坛的启明星，他们通过诗歌创作、吟咏抒发激情，通过诗歌讴歌祖国大好河山，通过诗歌鞭挞社会丑恶，通过诗歌传颂人间真善美。古人的人生不能抄袭，但可以借鉴；古人的人生不能复制，但可以创造。走进经典，便是走进古人的人生；走进古人的思想，便是走进了喜怒哀乐、嬉笑怒骂的大千世界。也许只有忧郁的情怀、空怀抱负的遗憾，才能激荡起他们内心的躁动，留下千古佳句；使他们的思想和智慧能够穿越时空，走到今天。

骆宾王：从军出塞戍边城，命运多舛到残年

人物浅谈

骆宾王是唐初诗人，他与富嘉谟并称“富骆”，又与王勃、杨炯、卢照邻合称为“初唐四杰”。他自小便才华横溢，7岁时的诗作《鹅》流传至今，然而诗中描写鹅的“曲项向天歌”也成了骆宾王一生的写照，他在宦海中沉浮，冀图有所作为但终其一生都郁郁不得志，这与他那种刚正不阿并且崇义节而又轻权诈的品性大有关系，他才高学显，跌宕不羁，也由此对官场中相互追逐、拍马逢迎的恶劣风气难以苟同。他的一生都在挣扎，满怀才华，却难以得到赏识重用，一生廉洁却以“坐赃”入狱。他的一生饱受了精神上的摧残，当看到李唐天下被武周所取代，他的内心躁狂到了极点，激起了他满心的愤恨，一篇《讨武氏檄》哗然于京都。

历史的躁动

身为“初唐四杰”之一的骆宾王才华横溢，满腹经纶。早年的他身怀大志，更是带着祖父二人对其“观国之光，利用宾于王”的希冀潜心修学。然而他的一生可谓坎坷不顺，壮志难酬，骆宾王一生的遭际都被清晰地打上了时代的烙印。骆宾王的高歌抑或是悲歌都是时代变奏中重要的一部分，做官、罢免、戍边、入狱、起事。他就像他诗作中的那只白鹅，然污泥难染其白，恶波亦难阻其浮，骆宾王始终以他那副傲骨所高昂着的脖颈向着无际的天空发出嘹亮而又振奋的高歌。他的心境必然受到时代的影响充满了躁动，目睹了武氏的残酷的骆宾王，满怀着一腔愤慨加入了征讨武氏的大军之中。

骆宾王出生于一个没落的书香世家，自小受到了良好的教育，加之他诗作的天赋使他自小有“江南神童”的美誉。年少求学时的骆宾王也颇为不顺，在其学业蒸蒸日上之时，其父的去世使他停学守孝，期满后他好不容易以乡贡的身份进京应试，然时风腐敝，学识精博的骆宾王竟然名落孙山，这对他的打击是十分沉重的。骆宾王第一次体味到了现实生活中的冷酷无情，这使他自此以更为务实的良好的态度去潜心于书海，闭门苦读。正因为此他终在几年之后出仕于长安，但是他处事刚正不阿的品性使他遭人排挤，最终也难逃罢官厄运。随后在道王府生活的3年是骆宾王倍感舒心爽意的日子，因受李元庆赏识有了“自叙所能”的机会，但是此时的骆宾王深感宦海浑浊，于是回到兖州自谋生计。几年后因迫于生计，他便开始了又一轮多灾多难的仕途生涯。年近半百的他再度跻身长安更希望平静度日，然天不遂人愿，就在他对策入选的第3年，他再一次被罢去官职。鉴于上次罢官隐居的生活落魄，为了一家人的生计，他开始了从军边塞的生活，本想告捷回京后能有所提携，没想到“十年不调诬赃下狱”。他的一生因家境的窘迫而不得不忍气吞声一再地求仕，一再出仕又使他接连受挫，源于官场上的失意，骆宾王便把他自己的志趣集中于诗歌的创作上面。这使骆宾王的文坛声誉达到顶峰。面对着李唐天下被一个女人所掠夺，他的心如刀割，但依旧逃不了扬州起事兵败逃亡的惨淡结果。

骆宾王深知祖、父为其命名的一番苦心，始终矢志不渝地以他自己的名和字作为其言行举止的座右铭。骆宾王力图辅君佐国，能够成就一番事业。然而事与愿违，结果却是仕海泛浊且正道难行，没有明主可以相得上他这匹千里马，迎接他的却是一次又一次的波折与不幸。罢官贬职、诬赃下狱，命运乖蹇，壮志难酬，他的内心必是怀着极大的痛楚。怀有相才却终不得所用，他怒视着江山易主的悲惨局面，武氏的残忍手段，无辜之人惨遭杀戮，他心中的愤恨只能借着他的诗来表达出来。作为一个终无大用的小官吏，骆宾王一直遭受的是排挤打击以及无尽的苦闷。但作为一颗冉冉升起的文坛巨星，他却时时处处受到人们的热爱与崇敬。

今人品读

纵观骆宾王并不平坦的一生，他前进的道路中存在着两条明显不同的发展轨迹，并相互错落交织。作为一位诗人的骆宾王，前进的道路算得上顺畅，成就和声誉直线上升，且一浪高似一浪。他在唐初人才济济的文坛之中技压群芳，稳居了盟主的地位，成为“初唐四杰”之一，可以说这是一帆风顺的。但是作为一个朝廷上的官吏，他在政治上却是处处遭受挫折，荆棘丛生，坎坷泥泞，郁郁而不得志。这一显一沉的发展轨迹，在表面看来好似相互背向，但实际上却反映了骆宾王人品、文品和志行的高度统一。骆宾王以他清正耿直之性气，怀揣着经国安邦的抱负，他力图在政治上能够有所进取，但是遗憾的是最终不为时用，并且还处处遭受到佞小的打击和排挤。有志难伸，于是骆宾王郁积心头的不平之气，就通过诗文创作有力地迸发出来。其郁积越深，喷发的力量便是越强，骆宾王凭借其过人的才华所喷发出来的又全是思想上的珠玑，又是自然为大众所喜闻乐见的。这也便是每当骆宾王政治地位下沉，反而其文学上的声誉却愈显的原因所在。因为他满心的积怨，躁动的神经所抒发出的都是他的真情实感，与动荡黑暗的统治环境下的人们产生了强烈的共鸣。他的道德文章、志节高风，有如滔滔江河，永远奔流，万古不衰。

时至今日，骆宾王早已成为了人们所敬仰的著名诗人，他的气节和才识为我们现代人所熟识，他身上那股不甘堕落的精神也值得后人深思学习。他的身影也成为了社会中一部分人的缩影，他们可能没有多么大的作为，但是他们有着雄心壮志，更有着自己的闪光点，他们能够守着自己心中那份固然的心境，困难来袭时积极应对，为自己的理想奋斗一生，取得自己的成果。

名家点评

王杨卢骆当时体，轻薄为文哂未休。尔曹身与名俱灭，不废江河万古流。

——唐·杜甫《戏为六绝句之二》

陈子昂：伯玉毁琴图重用，谏言深陷牢狱灾

人物浅谈

陈子昂的诗风骨峥嵘且寓意深远，其文笔更是苍劲有力，也因此被后人称之为“诗骨”。其中更有《陈伯玉集》传世，直言敢谏。是时武则天当政，信用酷吏而滥杀无辜，陈子昂不畏迫害，屡次上书谏诤。这得源于陈子昂的言论切直，也因此常常不被采纳，并因“逆党”反对武则天的株连而锒铛下狱。陈子昂是悲切的，当时费尽心机毁琴换取的仕途却并不能如他所愿一施政治抱负，他本以为怀有一颗忠心身居其位矫正时政弊端定能够得到重用，然而遭奸人谗言后的陈子昂更加郁郁不得志，他痛心疾首，心亦随之躁狂，但是无奈的是他竟连自己的性命都难以保全，令人哀叹。

历史的躁动

初唐的陈子昂是一位具有远见卓识的政治家，也是一位标新立异的杰出诗人和文学家，在初唐的诗坛上占有着举足轻重的地位。陈子昂的一生为官清廉，敢于直谏，他的诗文揭露时弊，言辞犀利，由此也便触怒了武姓权贵。为人正直善良的陈子昂也曾多次随军出征，立下了许多战功，但最终由于当时朝廷腐败，武则天的任人唯亲，使陈子昂纵然怀有满腹雄才大略也是无法得以施展，因此他的远大抱负徒唤奈何。在官场上的消磨使他早已没有了入仕之前的桀骜不驯，年少轻狂的身影早已不复存在，留在他身上更多的是对仕途的无奈与失落，心情也更加抑郁。最后他还遭人诬陷，冤死狱中。

“前不见古人，后不见来者。念天地之悠悠，独怆然而涕下。”陈子昂的这首脍炙人口的《登幽州台歌》千古传唱。早年的陈子昂怀着一颗远大抱负之心离开了故土来到了京城，他胸藏锦绣，才华横溢，却无人赏识，这使他感到非常苦闷。一日在街上遇见一个卖琴的老者，陈子昂一看是把好琴，于是心生一计，问过价钱，果然不菲，但依然毫不犹豫地将琴买下。围观的人都非常好奇，深感这琴和人都不平凡。陈子昂邀请大家次日去听他演奏，在好奇心的驱使下许多人都去听琴，其中更是不乏文人骚客，各界名流。然而陈子昂抱琴出场后却说：“弹琴是假，摔琴是真！”当即把琴摔碎。众人都被惊得目瞪口呆，陈子昂笑道：“我陈子昂自幼苦于学问，经史子集早已烂熟在心，诗词歌赋、长文短句，样样作得用心，但我却处处遭人冷遇，不为赏识。今天就借摔琴之由让众位看一看我所作的诗文，这才是我的真正目的。”说罢，他便从箱子内取出大叠诗词文稿，分发给了在场的人。一些名流看了陈子昂的诗文之后，赞叹不已，果然字字珠玑，精美绝伦。于是乎，陈子昂变成了响亮的名字，“一日之内，名满都下”，他的锦绣诗文也便一同在京城传开了。

自此之后，陈子昂的住所每天来访的人都络绎不绝，后来，陈子昂的诗名便传到了朝廷那里，这位才华出众的诗人终于得到了重用。自此之后的陈子昂将为民请命和痛陈国事看作他自己义不容辞的责任。他为官期间曾两谏滥刑，更是反对武则天疑贤信奸。他更是不畏强暴，接二连三地上书于朝廷统治者，痛斥酷吏。无疑这些忠直之言必然会触忤于权贵，更是引起了武氏集团的万般不满，令人痛惜的是从而也遭致欲以暴力来威慑天下的武则天的冷遇。

在新、旧《唐书》中所给予他的一致评价是“褊躁无威仪”。所谓的“褊”，其意即狭小、狭隘；所谓的“躁”，其意即性急。“褊躁”一词用在陈子昂的身上，也算得上是量体裁衣、恰到好处。毫不偏激地说，陈子昂的一生无疑就是褊躁的一生，这包括从他毁琴图重用，一直到其直言朝廷之腐敝，这些都无不向世人展示着他的独特的个人性格，然而正是这样的秉性，在那个年代也就注定了他悲惨的命运。

今人品读

纵观陈子昂的一生，大起大落，从富裕到贫穷，从官人又到囚徒，似乎都可以从他所作的诗作中看出，也更是可以从他的《登幽州台歌》诗中读出他生不逢时、怀才不遇的悲愤；也有着壮志难酬之时的孤独与寂寞；有着对于宇宙、对于人生的深沉思索。陈子昂为人正直，是一个不折不扣的清官，可惜的是他生活在了一个不被人赏识的年代之中。但不得不说这同时又是值得庆幸的，倘若陈子昂并没有生活在那个年代里，也就有可能无法写出那些像“前不见古人，后不见来者”的千古之绝唱了。可叹一代雄才就这样地离世间远去，带着那些对于朝廷的无限绝望，带着对酷吏的万般憎恨，带着对壮志未酬的满心悲愤，更带着对后无来者的遗憾走了！但是，值得庆幸的是他的诗作留了下来，陈子昂革新诗歌的主张与那些雄浑苍凉的诗风留了下来。更加可贵的是他那些忧国忧民、正直敢言、不畏强权的铮铮风骨与精神留了下来，将如此宝贵的精神财富一代一代地传给了后世之人。

回顾着这位被世人称之为“诗骨”的陈子昂的一生，我们很难不被他博学的才识、爱国直谏的勇气所感动、所钦佩。时代在不断迈出新的步伐，人类社会在不断地发展，但是像陈子昂这样才华横溢、桀骜不驯的人却大有人在，但是时代的发展使我们并不能一味地纵容自己心境的躁乱，我们应该在不断地丰富自己的才识的同时保持一种谦逊平和的心态。纵使陈子昂的才学出众、忠心义胆，但是最终也难逃一死。透过古人我们应该取其长处而避其短，用一种理性的思维在自己所忠于的事业上走得更稳更长，从而作出更大的贡献。

名家点评

有才继骚雅，哲匠不比肩。公生杨马后，名与日月悬。

——唐·杜甫《陈拾遗故宅》

沈宋横驰翰墨场，风流初不废齐梁。论功若准平吴例，合著黄金铸子昂。

——金·元好问《论诗绝句》

白居易：明讽暗刺抒己见，胸中消尽是非心

人物浅谈

白居易作为我国唐代一位伟大的现实主义诗人，更是中国文学史上颇负盛名并且影响十分深远的诗人、文学家，素有“诗魔”和“诗王”之称。他不仅在文坛有很高的地位，在朝廷也曾受过重用，官至

翰林学士、左赞善大夫。白居易是新乐府运动的倡导者，他主张“文章合为时而著，歌诗合为事而作”。与元稹合称“元白”。他以讽喻诗见长，针砭时政，揭露社会的黑暗，这些诗使权贵切齿、扼腕、变色。然而一心为国、敢言直谏的他却遭到了贬谪，这不禁使他倍感寒心，躁乱的内心交加着愤怒。想到了“达则兼济天下，穷则独善其身”，于是他“面上灭除忧喜色，胸中消尽是非心”，虽然依旧忧国忧民，但早已是消极了许多。

历史的躁动

在白居易所生活的70余年里，正值唐朝安史之乱之后各种矛盾冲突急剧发展的一个时期，更是唐王朝逐渐走向衰微的时期。整个社会现实所凸显的错综复杂，都能够在白居易当时所作的诗作中得到十分全面的客观反映。白居易笔下的政治讽喻诗，毫不夸张地说能够把当时社会病态的症结所在几乎全部地呈露在他的笔底，另外以《长恨歌》、《琵琶行》等为代表的一些长篇的叙事诗则曲折离奇更有着自具首尾的细致情节的描写和更为完整而鲜明的人物形象的塑造。并且其在语言和音调上也显得特别流畅匀称、优美和谐。白居易生不逢时，他所生活的时期虽然安史之乱早已平定，但是存在着藩镇割据、朋党之争、宦官专权的社会问题。面对这样的社会状况，白居易心酸但是无奈，仅凭他一人根本无回天之力，躁乱绝望至极之时，便以“独善其身”作为自己的归途。

白居易出生于“世敦儒业”的中小官僚家庭，年少时因躲避战乱而颠沛流离数年。早年得志涉身宦海，他为官的生涯中以44岁被贬为界，分为了前、后两期。前期的他兼济天下，而后则是独善其身时期。那一年朝中大臣无故惨死，而面对如此重大事件，当时掌权的宦官集团和旧官僚集团居然纹丝不动、保持镇静，毫不急于处理。白居易热心于国事，十分气愤，上书力主严缉凶手，以肃法纪。

如此一来，早对白居易讽喻诗心有不满的宦官旧官僚便借此以各种理由把白居易贬谪为州刺史。这件事给了白居易沉重的打击，于是便有了这句“面上灭除忧喜色，胸中消尽是非心”的慨叹之词。直到唐穆宗即位，穆宗惜才，把满腹经纶的白居易召回了长安，先后做了司门员外郎、主客郎中知制诰、中书舍人等。尽管如此，他看到了当时朝野的混乱，朝臣间争权夺利、明争暗斗；加之穆宗政治荒怠，根本不听劝谏。在万般无奈之下，白居易极力请求外放，自此之后虽然官越做越大，但都是闲官。比起曾经那个兼济天下的时期，他显得消极了许多。即便如此，他毕竟曾是一个有所作为、积极为民请命之人，他此时也依然流露出了忧国忧民之心，做了不少利于人民的好事。

白居易在受人垂青之时做到了当仁不让，他把造福天下当成了自己的责任。但是仅凭他一人的力量是远远达不到的，万般无奈加上胸中有智慧而无用武之地的躁动与怨气，白居易愤然地离去了。在他彻底失去了自己的势力之后，韬光养晦，更是寄情于山水之间，由此真正地做到了宠辱不惊。即便如此，他的心中是心系政治更是心系人民的。在半官半隐中，他致力于为百姓谋福利，以此来缓解朝廷的压力。正如他所言：兼济天下而为官，无一日快乐；独善其身而自为，终身不会苦闷。

今人品读

“达则兼济天下，穷则独善其身”作为中国古代文人的信条，在白居易身上展现得淋漓尽致。后期的白居易非常重视个体自我的存在、自我生存的权利，更看到了生命的价值，这使他放下了那些无谓之争，重视个人的独立自由及其个性并不应该被看作历史的倒退，而是一种进步，这符合人的本能要求。对于这样一个敢怒敢言之人在乱世之时难以有所作为，反而充满不测之危忧，远离那个明争暗斗、散漫的朝廷，无疑也是一种可取的避祸的做法。并且在平静的生活环境中，自己的身心都可以得到平静，致力于他认为有意义的为人谋福的事情，同时也潜心研究诗文。如果用现代人的眼光去批评白居易的消极显然是不正确的，如果我们要求他坚守于长安，还是以他以前的处世方式应对一切，那只能成为一个毫无意义的牺牲品。但是如此一来，历史上就失去了一位伟大的诗人，未免也太可惜了。

拥有一个正确的价值观是每个人所必需的，当集体的利益违背了个人的利益时，毫不犹豫地选择维护集体是正确的选择。但是，人们也应该量力而行，去做无谓的牺牲同样是一个不负责任的选择。一味地跟随自己发热的头脑或是意气用事冲动地去做出选择，逞匹夫之勇，绝大部分代价会高于成效，应该有着一个不骄不躁的心态，权衡利弊稳妥地做出选择，保存实力，积极地发展自身的优势，进退自如，宠辱不惊。这样才能成就事业，得到一个健全的人生。

名家点评

缀玉联珠六十年，谁教冥路作诗仙？浮云不系名居易，造化无为字乐天。童子解吟长恨曲，胡儿能唱琵琶篇。文章已满行人耳，一度思卿一怆然。

——唐·李忱

“今到白氏诗句出，无人不咏洛阳秋”。

——唐·徐凝

王昌龄：七绝圣手命多坎，难逃妒恨断余生

人物浅谈

王昌龄是盛唐时期享有盛誉的一位著名诗人。在他的文学成就中以七绝诗尤为出色，时人评价说甚至可以与李白的诗作相媲美，也因而被冠之以“七绝圣手”的名号。就其文学贡献上来讲，王昌龄的诗作流畅通脱，高昂向上，因此深受后人推崇。从王昌龄的诗中我们更能够领略到他的爱国主义、英雄主义的精神，除此之外还深深蕴含了他对下层人民的关怀，体现了一个诗人的宽大视野和博大胸怀。然而才华熠熠的王昌龄的一生却是坎坷多难的，为官的种种不顺使他身心疲惫。他的内心是悲怆的、躁乱的，作为诗人的他也只能把他的情感寄托于文字之中，然而这溢于言表的才华却又为他招来了杀身之祸。

历史的躁动

王昌龄是我国盛唐时期著名的边塞诗人，他所作的诗句气势雄浑、格调高昂，其最大的成就就是将七绝推向了高峰，故被人尊称为“七绝圣手”。他的诗作多是抒写战士的爱国立功还有思念家乡的复杂心绪。王昌龄的才华就展现在了他诗歌创作上，语言圆润蕴藉，此外音调上的婉转和谐更是意境深远，耐人寻味，为许多人所钦羡。正因如此他的许多描写边塞生活的七绝都被推为边塞诗之名作，其中以《出塞》一诗被推为唐人七绝的压卷之作。这些才华使他赢得了志同道合人的认可，使他得到了广大文人的推崇，更使他得到了广大百姓的拥护和传诵，但是也正因为他的才华，才遭奸人所妒，无奈一命呜呼，实为可惜。

王昌龄早年贫贱，以从事农耕来生活，即将到了不惑之年时才刚刚中了进士。“初任秘书省校书郎，又中博学宏辞，授汜水尉，因事贬岭南。开元末返长安，改授江宁丞。被谤谪龙标尉。”他的一生都是屈居于下僚，其中有两次遭贬，辗转游离度日，也可以粗略地说在他30年仕途生涯中，就有20年遭迁谪。宦海的失意并没有影响到他文坛的得意，王昌龄算得上是盛唐诗坛中的一位著名诗人，当时即名重一时，他被称作“诗家天子王昌龄”。这源自于他诗名早著，所以王昌龄与当时很多颇负盛名的诗人交游颇多，交谊也很深厚，比如与李白、孟浩然的交游，跟高适、綦毋潜、李颀、岑参、王之涣、王维、储光羲、常建等人也都有交谊。文坛上颇负盛名的他最终连龙标尉这样一小小的职务也都没能保住，离任而去，迁回亳州之时竟为刺史闾丘晓所杀。《唐才子传》所记载的王昌龄“以刀火之际归乡里，为刺史闾丘晓所忌而杀。后张镐按军河南，晓衍期，将戮之，辞以亲老，乞恕，镐曰：‘王昌龄之亲欲与谁养乎？’”揭开了王昌龄遇害的原因竟然是遭人妒忌。许多史学家认为：“闾丘晓嫉妒王昌龄的诗才与名气，他认为在当时天下大乱之际，可以为所欲为：王昌龄只是一被贬谪小官吏，朝廷自顾不暇，还有谁来问津他的死活？于是悲剧发生了——一代诗杰人头落地。”

王昌龄一生的命运是如此不济，不惑之年刚刚得志，期间又两次遭贬，过着辗转游离的生活。他在文学方面颇有名气，却又因才华横溢遭到妒忌而丧命，更何况诗人之死也鲜为人知，唯有留下的墨迹才能为后人所感所知。当人们知道了王昌龄是死于非命，死于权势的忌才，或者是纠纠武夫对于知识分子的轻蔑而随意枉杀诗人之时，所有人都为之深感气愤。然而好在天网恢恢，疏而不漏，草菅人命的闾丘晓更是逃脱不了应得的惩罚，当时在任的宰相兼河南节度使张镐，在王昌龄冤死后不久就为他报了仇。但是那又能怎样？闾丘晓扼杀了诗人的生命，也毁灭了更多的绝非凡品的诗篇。

今人品读

才华横溢的王昌龄真可谓是生不逢时，生于战乱动荡的年代，并且郁郁不得志，怀有忠肝义胆的报国之心却报国无门。他内心的躁乱唯有借助他的才华展现在了他的诗作中，他的诗是用感情所浇筑、才华所装潢，他的诗可以令人潸然泪下，亦可使人心振奋。他专于七绝，并且取得了很高的成就，后人称其为“七绝圣手”。他是盛唐诗坛的冉冉明星，他的才华并不会因为他仕途的不幸而受到丝毫的影响，反而复杂的感情更使他的诗句倍感沉重且意味深长。然而并不是任何人都尊重这样的一位灵魂的塑造者的，他有被人所欣赏、所敬佩的一面，便会有被妒忌、被暗算的可能，王昌龄就倒在了自己所恃之才上。闾丘晓注定要被世人所唾弃，因为他杀掉的不仅仅是一个诗人，而是绝非凡品的诗篇。

倘若王昌龄生活在一个社会风气淳朴的和平年代，他是否依然还能写出那样荡气回肠的边塞诗作呢？倘若他能够被统治者所赏识得以重用，功名利禄一应俱全，他还会不会成为世人所敬仰的“七绝圣手”，会不会依旧有着那样的才情为世人所称颂，会不会有那么多闲暇的时间工于写作呢？当然历史没有假设，王昌龄的一生光辉值得我们后人所铭记，作为后人的我们也应该秉着一颗平静的心做好自己分内之事，当然“害人之心不可有，防人之心不可无”，应该避免闾丘晓之类的小人出现在自己的身旁。

名家点评

龙标绝句，深情幽怨，意旨微茫，令人测之无端，玩之不尽。

——清·沈德潜《唐诗别裁》

李白：不甘折腰事权贵，迷醉四海到暮年

人物浅谈

李白是中国唐代伟大的诗人，他的诗雄奇飘逸，艺术成就极高。他是贺知章口中的“诗仙”，与杜甫并称为“大李杜”。满怀才华的李白可以说是一生都在为实现其伟大的政治理想而不懈地努力着，但是不可忽视的是他同时又向往着可以归隐江湖的闲逸生活。李白的一生都渴望能够施展自己的才华为国家效力，但他更是追求人格独立和精神自由。他发现现实社会与他的政治理想相差甚远时，心里便有了强烈的落差，失望、躁动的心绪蜂拥而至。然而他并无力去改变什么，只能将他的情感、他的悲愤寄托于他的诗中。由此一来，他的诗兼具了现实主义和浪漫主义的特色，当主观的愿望与社会的现实产生激烈碰撞时，就有了抒发愤怒的豪情悲壮；当亲近自然，接触生活，从中获得情趣和愉悦时，就产生了一系列大胆想象、夸张和语言优美的诗。

历史的躁动

作为一位伟大的诗人，李白留给后世多达900余首诗篇。这些熠熠生辉的诗作，不仅仅是简单地抒发情感，而是更好地表现了他一生的心路历程，在他的一生中，以在长安经历的三年政治生涯对他的创作产生的影响最为深刻。当他的政治理想与当时黑暗的现实发生尖锐的矛盾时，他的胸中便淤积了巨大的痛苦和难以忍受的愤怒。于是无奈中只有借助诗句一抒胸臆，于是就有了“金樽清酒斗十千，玉盘珍羞直万钱……行路难！行路难！多歧路，今安在？”用来表达自己虽遭到嫉妒、诽谤，内心苦闷，但仍有冲破险阻、实现理想的信心。李白坎坷的一生之中都怀着远大的抱负，他的豪情使其可以毫不掩饰地表达自己对功名事业的向往。

李白的一生，绝大部分时间都花在漫游中，他游历了大半个中国。早年的李白希望通过游历结交更多朋友、拜谒社会名流，李白并不愿意如传统一般应试做官，他只希望依靠着自身的才华，能够得到名人仕士的引荐，从而可以走向仕途，一举登上高位，能够有一个更好的平台去实现他的政治理想和抱负。他想通过他人举荐，但可惜的是一直未得人赏识。据记载，他曾经给当朝的名士韩荆州朝宗一篇《与韩荆州书》，想以此而自荐，但可惜的是最终未得回复。直到得到道士吴筠的推荐后，李白才被召至长安，供奉于翰林，自此他以自己文章的风采名震天下。李白凭借自己的才气为唐玄宗所赏识，但是在为官期间他逐渐地发现了国家在繁荣的景象中却更是蕴藏着深重的危机，专横的宦官和骄纵的外戚如乌云一般笼罩着长安，给李白以强烈的压抑感。才华横溢的李白又遭到小人的妒忌，受到同僚的诽谤。李白的个性果真是不能见容于权贵。一首《翰林读书言怀呈集贤诸学士》表有归意，被赐金放还，继续过着他那飘荡四方的流浪生活。后来在安史之乱中，李白又参加了永王李璘的幕府兵败被流放于夜郎，遇赦不久即病逝。

众所周知，当时李白所生活的唐朝是危机四伏的。在那个腐败王朝的江河之下，李白无疑被权贵排挤出来。他感到纵使自己有回天之志，却毫无用武之地，理想与现实有着巨大的差异，这种差异深深地刺痛了这个才子爱国而又敏感的心。面对满心的躁动，唯有吟诗作词能一吐心中的郁闷之气。在他的诗中，我们更能够清楚地了解到他内心的躁动：“安能摧眉折腰事权贵，使我不得开心颜！”这不仅表达了怀有一身傲骨的李白对权贵的抗争与蔑视，更是极大地抒发了对黑暗社会的彻底绝望之愤慨的感情。纵然绝望，他也绝不屈服，李白敢以诗句为武器，在诗中无情地加以揭露，有力地抨击了当时奸臣当道、贤臣遭弃的社会现实。此后的李白怀揣着鸿鹄之志而天天苦于不被重用，又不满于朝政，天天借酒消愁，“仰天大笑出门去，我辈岂是蓬蒿人”由此所抒发出的豪情壮志，可谓是古今罕见，也正因如此贺知章才会称赞李白为“谪仙人”。

今人品读

李白的一生都怀揣着远大的政治抱负，他毫不掩饰地向世人表达了自己对功名事业的向往。但可惜的是，残酷的现实使他不能以其自身的才学去报效国家。他深受道家影响，追求自由，蔑视王侯富贵和世俗平庸。李白胸中堆积了难以言说的痛苦和愤怒，常言道“愤怒出好诗”，“君不见长江之水天上来，奔流到海不复回……天生我材必有用，千金散尽还复来……”表达了诗人李白那种蔑视功名利禄，更是追求自己理想的豪情壮志。他所写下的诗被称为“秀口一吐就是半个盛唐”。李白大半生过着流浪生活，游历了全国许多名山大川，写下了大量赞美祖国大好河山的优美诗篇，借以表达出了他那种酷爱自由与渴望解放的动人情怀。在这样的一类诗作之中，奇险的山川与他那种异乎常人的叛逆性格无疑得到了完美的吻合。李白的一生都是以真诚的赤子之心来表达自己理想的人生，无论何时何地总是以满腔热情去拥抱整个世界、整个未来，对一切美的事物都有敏锐的感受，而又不满足于现实。在这种矛盾的时代气氛中，李白的浪漫主义诗风也达到了极致。

时至今日，仍旧有一些人有着李白做人处世的秉性。李白虽然一生郁郁不得志，但是他怀有的坚定的信念是为我们后人所折服的，他在诗歌创作上所取得的成就让我们敬佩。我们应该有着勇于面对世事艰辛的心，忠于自己所理想的事物，并为此而不懈地努力着，最大限度地发掘自己身上的潜力。面对不公平的待遇之时，要敢于与之作斗争，更要善于融通，并不能因为不被人理解或重用便自甘堕落，善于挖掘自己的兴趣，并用心去追求，必将终有所成。

名家点评

笔落惊风雨，诗成泣鬼神。

——唐·杜甫

白也诗无敌，飘然思不群。清新庾开府，俊逸鲍参军。

——唐·杜甫

白与古人争长，三字九言，鬼出神入。

——唐·杜甫

李杜文章在，光焰万丈长。

——唐·韩愈

又诗之豪者，世称李杜之作。才矣奇矣，人不逮矣。

——唐·白居易

杜甫：草堂之内忧天下，空怀抱负憾终生

人物浅谈

杜甫是我国盛唐时期的一名伟大的现实主义诗人。杜甫可谓是忧国忧民，人格更是高尚。在他的一生中写作诗1500多首，其诗艺之精湛，被后世尊称为“诗圣”，并与“诗仙”李白并称“大李杜”。他以儒家思想为核心，有“致君尧舜上，再使风俗淳”的宏伟抱负。杜甫热爱生活，热爱人民，更是热爱祖国的大好河山。他

嫉恶如仇，自然对朝廷的腐败、对社会生活中的种种黑暗的现象都给予深刻的批评和揭露。他一生在仕途上未能得志，内心的抑郁和狂躁使他的诗多抒发了对仕途失意、世态炎凉、奸佞进谗的感叹和愤懑。尽管个人不断地遭遇着不幸，但是杜甫无时无刻不忧国忧民。时值安史之乱，他依旧时刻注视着时局的细微发展，因其诗风沉郁顿挫，忧国忧民，杜甫的诗被称为“诗史”。尽管杜甫在当时并不为世人所知，但他的诗作却对后世影响深远。

历史的躁动

杜甫生活的年代正值唐朝由盛转衰，是一个由统一转为分裂的时期。他亲历战乱的祸害，备尝生活的艰辛，正因为如此使他对社会现实有比较深刻的认识。杜甫忧国忧民，人格高尚，诗艺精湛。他在思想情感上更加接近人民，因此写下了大量富有反映人民生活和现实主义精神的诗篇。杜甫多涉笔于社会的动荡，他敢于写出政治的黑暗，呼唤出人民的疾苦，可以说杜甫的诗反映了当时社会矛盾和人民所承受的种种苦难，他的诗被公认为“诗史”。“致君尧舜上，再使风俗淳”是杜甫年轻时便树立起的“济时用世、辅弼君王”宏大的理想。然而他的一生却始终未能得到重用，这无疑使他产生了强烈的失落感。躁乱、抑郁压抑着他的神经，然而空怀抱负的他到死都未能达成自己的希冀。

杜甫生长在一个“奉儒守官”并有文学传统的家庭之中，他是当时著名诗人杜审言的孙子。杜甫的一生分为了4个时期：35岁之前便是他读书和漫游的时期，这也就正所谓“放荡齐赵间，裘马颇清狂”。35～44岁是他困居长安时期，这一时期的他“朝扣富儿门，暮随肥马尘。残杯与冷炙，到处潜悲辛”。杜甫在长安应试，但是由于李林甫的政治目的，无人高中，最后杜甫勉强当上了一个掌管库府锁匙的小官。44～48岁是杜甫为官时期，这一阶段安史之乱的爆发使杜甫不幸被俘，潜逃后任左拾遗，但由于忠言直谏，不幸遭贬。48～58 岁是他在西南漂泊时期，这一时期的他贫困潦倒无所依靠。杜甫的一生是坎坷而不得志的，他虽然才华横溢且又胸怀大志，但却只做过一些左拾遗等小官，未能被统治阶级所重用。在文学地位上，虽然杜甫被后世称作为“诗圣”，诗歌也被称之为“诗史”，可在当时并没有得到人们的重视。

杜甫的一生忧国忧民，可以说无论是穷与达，还是安与危，他都始终充满着一种义不容辞的责任感与高度负责的使命感，更是抱着哪怕牺牲自己的生命也要去坚守所热爱从事的事业的坚定信念。“上感九庙焚，下悯万民疮”，其气至大至刚，其情至悲至痛；他抑郁，他愤怒，他躁狂，他的悲切、他的大志只能通过他的语言迸射出来。杜甫的诗中有着对中兴济世的一种热切，也是有着对淆乱乾坤的一种指斥，有着对横行霸道的极度愤慨，也有着对自己漂泊流离的悲伤，这亦是对生灵涂炭的悲悯，更有着对物力衰竭的无限的惋惜，对博施济众的赞美。杜甫就是如此以他自己最为自觉、最为深沉的社会意识，加之以其毕生的精力和天赋来创作出极其丰富深远的诗歌，把单一个体的人格融入到了广阔的人生之中，襟怀博大，至性至情。社会的混乱加之他的坎坷命运，使其诗作中独具个性的意象，融自然景物、国家灾难、个人情思为一体，寄慨遥深，使杜甫的诗在唐代达到了中国古代诗歌艺术的最高成就。

今人品读

受之于家庭的深刻影响，杜甫的儒家思想无疑是根深蒂固的。也由此青年时代的杜甫即“许身一何愚，窃比稷与契”，树立了匡时济世的伟大抱负。其后的“安史之乱”更是强化了他拯溺扶危的忧患意识。尽管他有时悲愤且失望，嗟贫叹老，有时也会受到佛道思想的影响，偏安于恬静闲适，但是杜甫还是“穷年忧黎元，叹息肠内热”，“葵藿倾太阳，物性固难夺”，爱国忧民之心始终不渝。“少陵有句皆忧国”，这正是杜诗的精髓之所在。当然，杜甫他不可能突破封建伦理纲常的繁乱藩篱，他的政治上的理想和爱国的精神也都不能不和忠君相联系，因而对封建君王也难免存在着愚忠和美化之处。尽管难以捉摸的现实生活折磨了杜甫，但不得不说同时也成全了杜甫，使他逐渐地深入到了人民生活，看到人民的极大的痛苦，也更是看到统治阶级的罪恶，从而他写出了《兵车行》、《丽人行》、《赴奉先咏怀》等优秀的现实主义杰作。杜甫所表现出的这种雄豪的性格，他的伟大的抱负、高尚的人格和阔大的胸怀，使得杜甫在诗歌创作上倾向于推崇笔力雄强、气象阔大之作，在创作实践上更是追求着阳刚之美。10 年困守的结果，使得杜甫蜕变成了一个忧国忧民的诗人，由此才确立了杜甫此后的生活道路和创作道路的方向。

纵观杜甫的一生，无论是忠心报国还是诗词创作，都令我们肃然起敬。古往今来和杜甫秉性相同的人数不胜数，他们执着地奋斗在他们所向往、所喜爱的事业上，并不是求名求显，只是心系他人，为了达成自己认为有意义的意愿，哪怕牺牲自己的生命也在所不惜。这种甘于奉献的精神，执着向前的意志，自古至今都是一个品性优秀的人所必备的。身处新时代的我们，更应该有着如杜甫一般忧国忧民的心，在遇到困难时毫不退缩，敢于和那些错误的、妨碍社会发展的凶恶势力作斗争，心怀一颗安定的心，脚踏实地地求发展、甘奉献。

名家点评

城南韦杜涌川滨，工部千秋庙貌新。一代悲歌成国史，二南风化在骚人。少陵原上花含日，皇子坡前鸟弄春。稷契平生空自许，谁知词客有经纶。

——明 · 屈大均

杜甫之诗，随举其一篇与其一句，无处不可见其忧国爱君，悯时伤乱，遭颠沛而不苟，处穷约而不滥，崎岖兵戈盗贼之地，而以山川景物、友朋杯酒抒愤陶情，此杜甫之面目也。

——清·叶燮

李煜：诗人却是帝王种，一曲哀词归黄泉

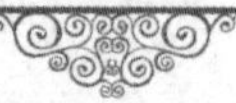

人物浅谈

李煜是五代十国时期南唐的国君，史称李后主。国破降宋，后被毒害。李煜并不精通于政治，但其艺术才华却十分非凡。“精书法，善绘画，通音律”。南唐后主李煜在诗和文的方面都有着超凡的造诣，当然其中以词的成就最高。写出了《虞美人》、《浪淘沙》、《乌夜啼》等千古杰作。李煜被称为“千古词帝”。有人说历史上少了李煜这个皇帝并不会为人所在意，而倘若少了李煜这个词人恐怕会给人带来不少遗憾。李煜的人生充满着无奈和悲剧色彩，无心为帝却被推上了皇帝的位置，没有兴趣打理国家却只能身其位谋其事。无奈最后成了亡国之君的李煜内心更加的悲切，在躁动的心绪下寄情于诗词，却未想到一首《虞美人》使自己断送了性命。

历史的躁动

李煜算得上是一个悲情的词人。通过他笔下的词，我们可以看得出他自身所具有的极高的文学天赋，由此我们不禁便会想到或许李煜的本意是可以淡然、潇潇洒洒地隐居于一方，可以写词作画，潜心于文学，能够安心专注地去做一个风骚的文人。可是偏偏造化弄人，把他推向了帝王的位置。他那相比于其高深文学造诣而过于浅薄的政治才能，悲剧使得李煜在现实的世界里失去了自己的尊严，也失去了皇冠的光环，更可悲的是他失去了自己统治的国土，这使得他成为了一个受众人唾骂的亡国之君。政治上的无能使他从偏安于一隅到丧失国土，其间受尽屈辱，悲惨的命运使他精神备受摧残，内心备受煎熬，所有的感情都只能付诸他所专长的词作，“问君能有几多愁？恰似一江春水向东流。”他也随着这一江的春水飘然而逝。

李煜本就无心于政事，南唐元宗当政之时，太子李弘冀猜忌严苛，李煜怕遭兄长猜忌从不过问政治，表明自己无意与兄长争夺皇位，而志趣在于秀丽的山水之间。但是造化弄人，李弘冀因猜忌叔父威胁其将来的帝位，便秘密将其杀害，可几个月之后自己也暴卒，几经周折后李煜竟稀里糊涂地被推上了皇位。据说李煜“性骄侈，好声色，又喜浮图，为高谈，不恤政事”，到了李煜嗣位之时，南唐已经奉宋朝为正朔，并且多次入宋朝进贡，这便是南唐苟安于江南一隅的社会现实。之后宋太祖屡次派人诏命李煜北上，李煜都称病推辞。终于宋兵南下攻金陵。后主李煜肉袒出降被俘到了汴京，封违命侯。到宋太宗即位时，又进封为陇西郡公。因为无法抑制自己亡国的悲痛，他诉情于词，毫无畏惧。一句“问君能有几多愁，恰似一江春水向东流”的豪迈思国悠然伤感之表达，可以说是由此开创了词亦可抒情的先河。然而正是这首《虞美人》也激怒了宋太宗，由是便葬送了一代伟大的词人，但与此同时也造就了这个悲剧词帝的万古流传。

在我国古代的这种不合理的父死子继的家天下的制度之中，凡是生于帝王之家的男子便有了继承那众人眼中最尊贵的王位的可能，然而李煜事实上不但无心参与权力的争夺，甚至还退避三舍，主动退让。李煜能够登上权力的顶峰，纯粹属于连他自己都未曾想到过的意外。无心且无奈的李煜作为一代国君的确是失败的，政治上毫无作为，庸驽无能，最终也没有能力保全国家，成了亡国之君。但是作为杰出词人的李煜，其艺术才华非凡，是一位香艳、柔情、悲哀的词人，被称为“词中之帝”。他在文学方面的成就为后代词人和词评家所公认。透过李煜的词，我们看到了两个时期不同的情调，前期降宋之前反映了宫廷生活和男女情爱，他词的风格也便是绮丽柔靡，其中自然不脱“花间”习气。然而后期降宋之后的李煜却因为亡国的深痛打击，加之对往事的追忆，一首首泣尽以血的绝唱全都赋以自身感情而作。若是从文学成就上来看待李煜，前期作品的题材太为狭窄，而后期的作品内容充斥着对昔日种种繁华生活的留恋和亡国的悲怆哀伤，由是而来李煜从狭窄和虚浮的小天地中突破了出来，使亡国之君成为千古词坛的“南面王”。

今人品读

后人对南唐后主这个“词中之帝”的评价是：失败的帝王，伟大的词人。作为一代君主，他无疑是失败的，但是在文学的造诣上，不可否认李煜取得了巨大的成就，为后人留下了不少的优秀作品。李煜的一生经历了巨大的转变，从高高在上的皇帝到受尽屈辱的亡国之君、阶下囚，他的精神必然承受了巨大的压力。降宋之前的李煜虽然每天需要做自己本无心去做的皇帝，去处理自己根本无心处理的政事，但是起码的自由和尊贵的地位使他适得其所。降宋之后的李煜心理经受了巨大的摧残，在政事上无所作为的他却在词赋上有着过人之处。任何的文学作品无疑都是它这一时代的表现，无论是它的内容还是它的形式，都是由这一时代的趣味、习惯和憧憬来决定的，而且愈是大的作家，他所做的作品的性质更是由他所处的时代的性质来确定的，这种关联也就愈加强烈，愈加明显。也或许历史总是如此，总是会把某些人放在他本不该在的位置之上，令人无可奈何。李煜没有肩负起一个帝王的责任，处理好一个君主应该做的事，但是他在文学上的成就是值得后人肯定的。

倘若李煜只是万千人之中的一个平凡人，或许他早就隐居一方，过着自在的吟诗作赋、闲云野鹤般的生活。然而若是他没有经历这样大起大落的生活，没有经历生活的巨大变化，没有感受到一个亡国之君撕心裂肺的痛楚与躁动，或许他根本无法突破文学上的狭隘局限，依旧是那些莺莺燕燕、风花雪月的俗套陈词，正是这样的落差，激荡起了他那满心的愤怒，使他的词作登峰造极。用现实生活中的亡国之君成就了一个“千古词帝”。身为现代人的我们应该清楚自己身上所肩负的责任，每个人都有责任，皇帝有皇帝的责任，臣子有臣子的责任，老板有老板的责任，员工有员工的责任，我们在扮演着不同的社会角色。尽到自己的责任是必不可少的，然而也应该保持着自己的兴趣，通过适时适宜的方式去转化自己的角色来成就自己的意愿。

名家点评

温飞卿之词，句秀也；韦端己之词，骨秀也；李重光之词，神秀也。词至李后主而眼界始大，感慨遂深，遂变伶工之词而为士大夫之词。周介存置诸温、韦之下，可谓颠倒黑白矣。

——清·王国维

后主目重瞳子，乐府为宋人一代开山。盖温韦虽藻丽，而气颇伤促，意不胜辞。至此君方为当行作家，清便宛转，词家王、孟。

——明·胡应麟

苏轼：一心想成千秋业，乌台诗案归田园

人物浅谈

苏轼，这是一个早已远逝同时却又无比鲜亮的名字，就是这个名字，千百年之中在人们的内心里堆积了太多的难以言喻的深厚且又复杂的情感。无论是他的天纵才情，还是他的“奇情四溢”，对于世人而言，就连同他的痛苦抑或是悲哀，都成为了一种可望而不可即的奢侈。他所取得的文学成就是无可比拟的。在他一生的岁月中坎坷无数，面对躁动的心境，他依旧保持坚贞气节和独立人格，决不随波逐流。坚持为官一地，造福一方，乌台诗一案一度使他身处绝境，但他仍保持乐观豁达的心态和积极向上的追求。一再的贬谪，一再的颠沛流离、辗转迁移，使他疲于奔命。透过他的诗至悲至美都被渲染成为一种久远的经典，如生命之花的绽放，锦延千年不败。

历史的躁动

苏轼是北宋著名的文学家和书画家。他与父苏洵、弟苏辙合称“三苏”。又与欧阳修并称欧苏，为唐宋八大家之一。可以说苏轼在文学艺术这一方面堪称全才，不得不说其文汪洋恣肆，明白畅达，他的词更是开豪放一派，对后代很有影响。然而苏轼的一生却是波折和动荡的，人生几经周折，甚至在生与死的边缘盘桓，苏轼也由此变得焦躁而悲狂了。读懂一个文人的心境，最好的途径就是读懂他的诗作。苏轼的词中饱含了政治理想落空的巨大悲哀，他将这种深沉的悲哀融会在了江山与久远的悠长历史长河之中，写得气势恢弘、苍劲豪迈，这不是弱者的悲泣，而是强者的悲啸，这并不会使人落泪，而会使人油然产生一种苍凉而悲壮的崇高感。

苏轼早年便勤学好读，应试入朝为官，其中并没有太大的波折。但他为官之时，正值北宋统治开始出现政治危机的时期，表面繁荣的背后隐藏着巨大的危机，神宗即位后任用王安石支持变法。苏轼的许多师友，其中包括了欧阳修在内，都因为在施行新法的政见上与时任宰相王安石不合，而最终被迫离京。朝野旧雨凋零，苏轼深切感受到了朝野之中并不是一个“平和世界”。苏轼的政治思想保守，加之深切了解新法对百姓的损害，同样上书反对。结果自然是跟他的其他师友如出一辙，不容于朝廷，于是他选择了外放。苏轼在地方为官近10年，政绩显赫，深得民心。然而平静的生活总会有一些插曲，乌台诗案无疑便是影响苏轼一生的重大事件之一。当时李定等人故意把苏轼所做的诗句扭曲，以讽刺新法为名而大做文章。于是苏轼便因为作诗讽刺新法和网织“文字毁谤君相”的这些罪名而被捕入狱，这便是历史上著名的“乌台诗案”。苏轼一生中多次濒临被砍头的境地。而得幸于北宋时期在太祖皇帝赵匡胤年间即定下的不杀士大夫的国策，苏轼这才算勉强地躲过一劫。出狱后的苏轼自然就面临着贬谪。几年之中一系列的颠沛流离，加上期间苏轼的丧子之痛，令苏轼万念俱灰。王安石新党被打压之后，苏轼被复用，然他对旧党执政之后所暴露出的腐败现象进行了抨击，如此一来，苏轼既不能容于新党，却又同时不能见谅于旧党，于是又遭诬告陷害。他再度自求外调。此后便是一连串的回召、外调、贬谪，最终死于奔波的路上。

苏轼的一生可以说是起起伏伏、颠沛流离的。他对当时社会上的种种不合理的现象总是会满怀着“一肚皮不合时宜”的严肃态度。苏轼是抱着远大的理想走上仕途的，却又时时感到理想与现实的差异是巨大的。“乌台诗”一案虽然使他看到了面对社会的黑暗统治生命的脆弱，他也为此而醒悟，但是心怀天下的他却始终把批判现实作为诗歌的重要主题。他用自己的才华来缓解和平抑自己内心的躁乱和愤懑，更对于自我精神境界赋予了崇高期许，他所寻求的无疑是一种更高层次的精神救赎。在精神层次的领域，苏轼永远是一个"富翁"。他的才情也随之而千古流传。

今人品读

苏轼是一个能够凌驾于生死、物我之上而洞悉人生底蕴之人，他极具敏锐的感知能力。对于生活，他更是有一种超乎于有限的具体事物之上的过人的妙赏能力，具有"物我无别、物我为一"的感觉，这便是其精神的真髓。值得庆幸的是，自身的不幸与诸多的坎坷并没有使苏轼由此变得麻木不仁、明哲保身，相反却使他变得更加地体察民众，体谅和理解劳苦大众的困苦生活。这不是高高在上的那种俯视与悲悯，而是感同身受的关切与同情。随遇而安的大气思想浸透了苏轼日常生活的点点滴滴，而通过他的诗笔在艺术上的美化而成为了一种动人的生活情趣。因此无论走到哪里，苏轼都有着非凡的本领和自信，去把万恶的"地狱"变成美好的"天堂"。这种超然旷达的胸怀与过人的气度，使得苏轼能够在常人难耐的困境中而自得其乐。在苦难中日益强化的珍爱生命的意识与儒家推己及人的思想紧密地联系在一起。我们真的应该感谢苏轼，是他为那么多并不如意的人们提供了一个广阔的心灵回旋空间，能够在大起大落的悲欢之中，在昂扬奋进的人生底蕴下，能将文字之美和人格魅力转化为相通相融的至高境界，世间，恐怕无人能及。

洞察苏轼的一生，透过那悠远的历史，在我们身边又有多少类似于苏轼秉性的人呢？他们也许并不是生不逢时，只是自己所向往和坚持的并不能那么轻易地达到，他们亦有着一颗躁乱的心搅动着自己迷茫的神经。被躁乱牵着鼻子走的一些人，悲观，自甘堕落，最终将难以达到自己所预期的、所期盼的；而那些敢于突破自己，在精神上给予自己其他慰藉的人，他们可以缓解自己内心的躁乱，并从失败和痛楚的苦海中解脱，成为自己灵魂的救赎者，他们必定会找到适合自己的位置，并且最终绽放出属于自己的异样光芒。

名家点评

世言东坡不能歌，故所作乐府词多不协。晁以道谓：绍圣初，与东坡别于汴上，东坡酒酣，自歌《古阳关》。则公非不能歌，但豪放不喜剪裁以就声律耳。

——南宋·陆游

以宋词比唐诗，则东坡似太白，欧、秦似摩诘，耆卿似乐天，方回、叔原则大历十子之流。

——清·王国维

三代以下诗人，无过屈子、渊明、子美、子瞻者。此四子者，若无文学之天才，其人格亦自足千古。故无高尚伟大之人格，而有高尚伟大之文章者，殆未有之也。

——清·王国维

陆游：棒打鸳鸯情伤痛，罢官还乡悔终生

人物浅谈

陆游是我国南宋著名的诗人。他自幼好学不倦，且能诗能文。陆游在饱经战乱的复杂生活感受中受到深刻的爱国主义思想的洗礼，他始终坚持抗金主张，也由此在仕途上不断地遭受到无能的当权派的排

斥与打击。他不仅在仕途上多遭不顺，在感情生活中也留有终身遗憾，他与唐婉这对相敬如宾的恩爱夫妻，迫于封建礼教的压力被陆游的母亲强行拆散，这段感情的伤痛终其一生。陆游的一生被种种的无奈所包围着，在他所生活的那个动荡的年代中，面对周边少数民族的侵扰，他的内心也是悲怆的，他怀着忠心报国的决心，却尝尽了报国无门的酸楚，躁动悲凉的陆游最终也没有看到“王师北定中原日，家祭无忘告乃翁”的那一幕。

历史的躁动

陆游所生活的那个时代是混乱不堪的，那个时候周边少数民族政权蠢蠢欲动，频频向孱弱的宋朝发动战争，致使积贫积弱的宋朝一步步地丧失掉了大片的国土，被迫不断地向南迁移，由此导致的便是宋朝的人民生活在战乱动荡的水深火热之中。而此时正处意气风发的少年时期的陆游却不得不随着家人逃难，饱尝了流离失所的痛苦。经历了这样的境况并受到了家庭中爱国思想的熏陶，使他自小就满怀大志。然而陆游的一生却注定着坎坷，与唐婉情深似海，却不被母亲所接受，迫于封建礼教，最终分手，这给他的一生也笼罩了悲情的色彩。加之仕途颇为不顺，使他心力交瘁，躁乱不安。他期望着自己可以有所作为，期望着王师北定中原的那一天，然而，一切都只是泡影。

沈园的粉壁上曾题着两阕《钗头凤》：

其一：

红酥手，黄滕酒，满城春色宫墙柳；东风恶，欢情薄，一怀愁绪，几年离索，错、错、错。

春如旧，人空瘦，泪痕红浥鲛绡透；桃花落，闲池阁，山盟虽在，锦书难托，莫、莫、莫。

其二：

世情薄，人情恶，雨送黄昏花易落；晚风干，泪痕残，欲传心事，独倚斜栏，难、难、难。

人成各，今非昨，病魂常似秋千索；角声寒，夜阑珊，怕人询问，咽泪装欢，瞒、瞒、瞒。

这两阕词分别出自于陆游与唐婉之手，却诉说着同一个悲情的故事，浸润着同样的情怨和无奈。陆游与唐婉是表亲，两人自小青梅竹马，耳鬓厮磨，十分相投，陆、唐两家便以一支精美无比的家传凤钗做信物为两人定了亲。成人后，唐婉便名正言顺地成为了陆游的妻子，婚后二人鱼水欢谐、情爱弥深。陆游的母亲对儿子仕途希冀很大，认为唐婉会使陆游丧失上进之心，于是便令陆游用一纸休书休了唐婉。几经挣扎后，迫于母命两人最终分手，陆游另娶，唐婉改嫁。一对恩爱鸳鸯被活活拆散，于是便有了数年之后俩人偶遇的这深切一幕，更有了沈园粉墙上的那几句悲切的词。

陆游当时的内心定是万般痛苦、纠结却又无奈的，但在那个封建礼教笼罩下的封建社会，母命如同圣旨，身为人子不得不从。恩爱的两人最终也抵抗不过那样的社会环境，被封建礼教、世俗功名活活拆散。

据说，陆游早年应试进士时，成绩第一，却因秦桧的孙子秦埙居其次，秦桧就险些降罪于主考官。次年礼部考试，陆游再次位居于秦埙前面，却被秦桧除了名。直到秦桧死了之后，陆游的仕途才开始有了转机。然而其后为官的日子并不是顺风顺水，他心系百姓，忠心报国，关心老百姓的疾苦，但却数次遭到弹劾、罢官。最后一次罢官后的陆游，开始了近20年的“身杂老农间”的生活。虽退居家乡，但依旧心怀国事，对收复中原的信念始终不渝。

“死去元知万事空，但悲不见九州同。王师北定中原日，家祭无忘告乃翁。”这首《示儿》是陆游在即将归西的暮年写下的。可见他忧国忧民的思绪从未消失过，尽管他怀才不遇，对朝中统治阶层的黑暗早已深恶痛绝，但是一生坚持抗金主张，爱国之志始终不渝，那种对祖国统一的焦躁的期盼是自始至终的。

今人品读

陆游的一生可谓是坎坷磨难的一生，与唐婉的分手使他在心上永远打了一个结，从此便给他的生活笼罩了一层挥之不去的伤感迷雾。除了感情，陆游的仕途更是多灾多难。心系百姓的他难免会侵害到朝廷的利益，忠心报国维护祖国统一的他又必然会被投降派所排斥陷害，陆游是落寞的，在他人生最后的20年中他虽身在田间，心却依旧在为国家命运而担忧。这样的一生使他躁狂，却又万般无奈，他只能将感情诉之于他的作品之中。如果我们说陆游“与拜鹃心事实同”，这还不算十分地确切，因为这还没有认识到他别开生面的地方。众所周知，爱国的情绪包含在陆游的整个生命里，更是洋溢在了他全部的作品之间：无论是他看到一幅画，还是碰见了几朵鲜花，更或者只是听了一声雁唳，喝几杯酒、写几行草书，这些都能惹起陆游那些“报国仇、雪国耻”的心事，随即他的血液便跟着沸腾起来，而且这股热潮会不断地冲出他白天的清醒生活的边界，更有甚者还会泛滥到他深深的梦境之中去。由此所表达出的感情，是在旁人所书写的诗篇里访寻不到的。

透过陆游，使我们清晰地看到人生不如意之事十之八九。面对这些不如意，面对突如其来的变故，我们都应该很好地抑制住自己躁动的心绪，保持着一种平常的心态。因为生活始终还要继续，应该以一种乐观和积极的态度去想去对待，这样才能够用有限的精力去做好更多的事情，做更多的力所能及的事情。当我们执着于某件事的时候，就会倾尽全力不给人生留下过多的遗憾，这也许是每个向往成功的人的必由之路。

陆游集佳处固多，而率意无味者更倍。

——清·叶燮《原诗》

南宋人诗，放翁、诚斋、后村之家相当，皆以野逸胜而精彩烨然，放翁尤妙。

——清·叶矫然《龙性堂诗话续集》

贺裳则说他："大抵才具无多，意境不远，唯善写眼前景物而音节琅然可听。"(《载酒园诗话》)

辛弃疾：满腔愤恨驱金贼，怎奈一生不得志

辛弃疾是南宋著名的爱国词人，辛弃疾与颇负盛名的诗人陆游有许多相似之处：辛弃疾也是始终把洗雪国耻与收复失地作为他自己想要毕生奋斗的事业，曾上《美芹十论》与《九议》且条陈战守之策，这充分地显示出其卓越的军事才能和深沉的爱国热忱。他一心想要为国尽忠，然而却未能得志，报国无门的躁动与彷徨，怀有才能却不被人重视的他只能把感情寄于词中，他在自己的文学作品中写出了时代的期望与失望、民族的热情与愤慨。他一生都在力主抗金。他的词往往都能很直率地流露出他力图恢复国家统一的深深的爱国热情，与此同时更是倾诉了辛弃疾自己壮志难酬的悲愤与对当时执政者屈辱求和的卖国行径颇多谴责。辛弃疾是"一世之豪。以气节自负，以功业自许"。

历史的躁动

辛弃疾是文武兼备、出类拔萃的旷世奇才。他在文学上的成就很高，他与苏轼齐名，号称“苏辛”，还与李清照并称为“济南二安”。由此他被后人评价为“稼轩者，人中之杰，词中之龙”。辛弃疾原名“坦夫”，他改名为“弃疾”的缘由是在效仿西汉大将霍去病，希望有朝一日也能够奋勇杀敌，带领将士打败异族侵略。由此可见辛弃疾忧国忧民的感情和他的胸怀大志，然而他生于一个外族侵略、统治阶层却又软弱无能的社会，这也就注定着辛弃疾有着生不逢时、怀才不遇的必然结果。他内心是悲怆的，辛弃疾纵然有着出色的才干，亦是有着豪迈倔犟的性格，此外更是怀有执着于北伐的热情，然而这种种的品行却难以使他这个血气方刚的男儿能够在当时嫉贤妒能、浑浊丑恶的官场之上占有立足之地。

辛弃疾出生之时，北方便已经沦落于其他民族政权之下。在这样的环境中，他亲眼目睹了汉人在金人残暴的统治下所受的屈辱与痛苦。正因为这种种的亲身经历，使得辛弃疾在青少年时代便早已立下了恢复中原和报国雪耻的志向。21 岁开始辛弃疾就参加了抗金的义军，后又归于南宋。最初在南宋为官之时，他并不了解朝廷的怯懦和畏缩，虽然官级不高，但是他还是针对时势提出了很多自己的想法，也曾热情洋溢地写了不少有关于抗金北伐的建议，像著名的《美芹十论》、《九议》等。然而此时早已经不愿意再参与战事打仗的朝廷却总是反应冷淡，即便这些建议书在当时深受人们称赞且广为传诵，但是并不为统治阶层所肯定。而针对辛弃疾的实际才干，把他派去治理荒政、整顿治安。先后把他派到江西、湖北、湖南等地去担任类似于转运使、安抚使等一类的重要的地方官职，然而这些显然与辛弃疾的那种抗金复国的理想大相径庭。因此纵然辛弃疾可以干得很出色，也深深地感到了岁月的流逝，更有对人生的短暂而壮志难酬的慨叹，内心也更是越来越感到压抑与痛苦。相比于理想，摆在眼前的现实对于辛弃疾却是那么地严酷。他虽然有着格外出色的才干，但是对于他豪迈与倔犟的性格更使他执着于北伐的热情，更使他很难在当时畏缩且又圆滑，更使他在嫉贤妒能的丑陋官场上难以立足。辛弃疾在42岁之时最终受到了弹劾而被免职，于是乎他最终归居于上饶。在此后的20年间，辛弃疾除了有两年出任福建提点刑狱以及福建安抚使之外，大部分的生活时间都在乡间闲居。

辛弃疾和颇负盛名的陆游一样，同是南渡后一直坚决主张北伐恢复中原的杰出代表人物。他心系于生活在水深火热中的百姓，用以民为本的思想去看待北伐这一崇高的事业："恢复之事，为祖宗，为社稷，为生民而已，此亦明主所与天下智勇之士所共也，顾岂吾君吾相之私哉!"他有着超出于一般文人的军事天赋，他提出了抗敌救国的三原则："一曰无欲速，二曰宜审先后，三曰能任败。"但是纵使他有这般的才华与决心，都未能在南宋的统治下得以重用，也未能看到光复祖国大好河山的那一幕，他内心是躁狂而抑郁的，唯有归居一方才能换得片刻的心中平静。

今人品读

"他年再遇刘使君，愿为白袍虎将讨逆贼"，这一句诗使得多少气血方刚的男儿热泪滚滚，不禁使我们畅想到已是满头白发的辛弃疾凝视着积满灰尘的战甲金枪，依旧遥想着当年那"金戈铁马，气吞万里山河"的征战岁月。这般的深情感怀，是辛弃疾在慨叹着希冀在他的有生之年能够遇到像蜀主刘备一般的贤君，那么他必然甘愿做那白袍虎将的赵子龙，去追随明主讨伐篡汉逆贼曹氏。然而愿望与现实的落差竟是如此之大，他的一生都未能大展鸿鹄之志，抗金复国的远大理想随着他年龄的增长越来越遥远，最后幻化成了美丽的泡沫。由是而来，便是满心的痛楚涌出，躁动、抑郁、无奈与悲凉。他也只能眼不见心不烦地归居一方，即便如此，相信到死他还依旧期盼着，那个能够让他完成复国这一心愿的明主正在腾云驾雾地向他走来。

令世人尊重的辛弃疾谢世早已800余年。当我们重温着那个神州破碎、英雄难觅的悲痛时代之时，幸运的是我们可以看到辛弃疾这样一个气节高尚的人的存在。自此之后的800年之间，中华民族的兴亡依旧轮回而反复，她经历了一次次的沉沦，而又同样一次次地觉醒，无疑就是凭借着千百万中国人骨子里从未丧失过的这种“苟利国家生死以，岂因祸福避趋之”的崇高气节。受世人敬仰的这种气节清晰地流露在了800年前的字里行间，我们不会忘记辛弃疾拥有着这样的气节，岳飞拥有着如此的气节，林则徐亦拥有着这样的气节。我们敬仰他们，我们的历史因为他们而变得更加地耐人寻味，正是因为有着这样的气节的存在，才使得我们伟大的民族能够在风浪之中拨开云雾而继续地前行。身为后人的我们也应该崇尚气节，为更好的明天而付出自己毕生的心血。

名家点评

自辛稼轩前，用一语如此者，必且掩口。及稼轩，横竖烂熳，乃如禅宗棒喝，头头皆是；又如悲笳万鼓，平生不平事并卮酒，但觉宾主酣畅，谈不暇顾。词至此亦足矣。

——南宋·刘辰翁

壮声英概，懦士为之兴起，圣天子一见三叹息。

——南宋·洪迈《稼轩记》

公所作，大声鞺鞳，小声铿鍧，横绝六合，扫空万古，自有苍生以来所无。其秾纤绵密者，亦不在小晏、秦郎之下。

——南宋·刘克庄《辛稼轩集序》

布衣篇

——一生屈苦铸叛逆，身聚博才甘为民

他们没有高官厚禄，没有家财万贯，但他们不畏于势，不惑于世，不弃尊严，孤守怀疑、叛逆、自由而旷达。他们心怀布衣精神，心怀以天下为己任的责任感：“退则独善其身，进则兼济天下。”他们重视布衣之操、布衣之礼：贫贱生杀不能去其志，抱着济世天下的理想，又不趋炎附势。面对世事的不公，社会的残酷压迫，他们压抑气愤却无可奈何，正是这种复杂的内心躁动迫使他们有了一种潇洒从容的气息隐约其间，不亢不卑，傲骨天然，有了“天子呼来不上船”的气节。

墨子：出山遍访天下师，救世雄心述豪言

人物浅谈

墨子是墨家的创始人。据记载，他是历史上唯一的一个农民出身的哲学家。他具有重大的影响力，墨子的“兼爱、非攻、尚贤、尚同、节用、节葬、非乐、天志、明鬼、非命”等观点为中国哲学的发展起了至关重要的推动作用。墨学在当时的社会是影响很大的，与儒家并称为“显学”。

出身于没落贵族作为平民的墨子，虽生活清贫，但也受到了必不可少的教育。黛眉山高大巍峨，挡住了他的视野，于是墨子带着伟大的抱负迈出大山深处，遍访天下名师，学习治国为人之道。在那个战车驰骋、民众哀号的年代，因不满儒家“礼”之烦琐，他高举反儒大旗、心怀救世之心义无反顾地介入了诸侯的纷争。

历史的躁动

墨子虽身为平民，但作为没落的贵族后裔，他受到了基本的文化教育。他少年时做过牧童，学过木工，然而随着年龄的增长，他求知的欲望被巍巍的黛眉山所阻挡，于是墨子断然决定走出大山，去拜访天下之名师，学习为人治国之道，希望有朝一日能够恢复自己先祖曾经有过的荣光。他开始了各地游学，当时儒家作为百家之首，墨子便开始学习儒家之术。但是，心有大志的他不满儒家“礼”之烦琐。有幸能够迈出大山的墨子，清醒地看到了相比于平静的黛眉山，山外的花花世界异常地动荡，战车在驰骋、战马在嘶鸣、战火在燃烧、民众在哀号。这一切都牵动着这位有识之士的心，他心里是久久不能平静的，是愤怒的，他背着自己的长剑，毅然高举反儒的大旗，带着他那颗救世的雄心，卷入了诸侯的纷争。

墨子便开始了在各地聚众讲学来传扬墨道，他用他那激烈的言辞去抨击儒家和那些诸侯国的一些暴政。墨子“日夜不休，以自苦为极”，他长期奔波于各个诸侯国之间，去宣传他的军事、政治主张，心系百姓，不畏强权。他制止楚国攻打宋国，实施“兼爱”、“非攻”的主张。他所做的便是实践上的和平之路。此外墨子还设坛讲学，将他的思想传授于他的弟子，让他的这些弟子们同样可以周游诸国，去运用他的那些“兼爱”、“非攻”的理论，能够说服诸侯们放弃他们的侵略战争，从而救百姓于水火之中。更有甚者，当时的墨子可以为了制止一场攻战，而不惜冒着生命的危险去游说攻占一方。“止楚攻宋”便是一个十分生动的例子。此后的墨子还屡游楚国，为楚惠王献计献策，并且请求楚惠王认可实施一些“尚贤、非攻、节用”的治国方略。楚王想让才华横溢的墨子出仕为官，而且答应了赐地于墨子。但当墨子发现了楚王根本没有想去采用他的政治主张的时候，他毅然决然地拒绝了楚王赐地，并且愤然而去。墨子在晚年的时候重游齐国，企图去劝阻和制止齐国攻打鲁国，但并未如他所愿，没有成功。越王当时也曾经邀请墨子出仕为官，并且答应给墨子五百里封地。但是他却以“听吾言，用我道”为前往的条件，而并不去计较那些物质方面的封地与爵禄。但是这又一次让他失望了，越国也根本并没有采纳他的“非攻、兼爱、交相利”的政治主张。

一次次的失败和失望，并没有动摇墨子的救世之心，他更加努力地创作、游说，期望更多的君主能够采纳他的主张。混战社会的残酷压迫，他是压抑、气愤却又多是无可奈何的，正是这种复杂的内心躁动迫使他有了一种潇洒从容的气息。他不趋炎附势，不贪恋荣华富贵，不亢不卑，傲骨天然。晚年当他再也无力于出游各国行义，便回忆起数十年以来为了宣传自己的一些主张，不辞劳苦地创办私学、广招弟子、游说各国、制止战争等一系列重大的活动。可以说墨子既是问心无愧，但却又是忧虑重重的。于是为了让后来者能够继续实践墨学，能够兼爱于天下，墨子与他的弟子潜心地整理其言行，编写出了《墨子》一书。

今人品读

墨子身为墨家创始人，是历史上唯一一个农民出身的哲学家，他的观点对当时乃至后世都具有重大影响力。墨子心怀仁义，疼惜百姓。在他看来，军事进攻只会造成社会的动荡、国家的消亡、生灵的涂炭，而发生这悲局的原因都不外乎是因为人们背离了那“兼爱”的原则，当私利当头，就会产生离经叛道的结果。因此，墨子大胆提出了摒弃掉军事侵略，能够兼爱于众生，交往互利的一种社会组织的原则。并且身体力行着他自己的一些主张和观点。墨子及其弟子们的一些苦行与当时的社会风气有着非常大的矛盾。在当时的社会，孔子所倡导的儒家思想已经成为了正统，因此，青年时的墨子也同样地受过良好的儒家教育，但是后来，墨子不仅是远离了儒家，还对儒学进行了许多的批判。

据大量的史料记载，墨子的门生弟子是非常众多的。他们都可以节衣缩食地奔走于各个诸侯国之间，更有贤能者到各国出仕去推行墨子的主张，强壮者带领弟子们去演习军事技术，建设起了防御的强兵，智慧者研究起了百业生产技术，提高社会生产力水平；这支力量成了乱世之中一道最具生气的风景，一股推动社会进步的强大力量。墨子和他的一些弟子们虽然都十分努力地去实践着他们自己的宏伟理想，但他们自身的力量毕竟是有限的。他们看到了兵灾连年、战火遍地、百姓们也饥寒交迫，每想至此，他们都是常常劳作到很晚。他们在劳作中思索着国家和人民的命运，也同时思索着他们自己难以实现的政治主张。在这种情况下，公元前 390 年前后，86 岁的墨子无奈地永远地停止了思索，离开了这个纷乱的世界。

在当时战乱纵横的战国时期，现实中不仅没有对民众的爱，更缺少众生平等的环境，像大禹这样的贤王更是没有，现实中多存在的是一些冷血的战争，还有一些奢华的贵族生活，多如飞蝗的军队，更有贫困交加的流民。在这种情况下，墨子就成了世间新的大禹，在史料中记载了好多有关墨子和他的弟子们日夜不分地劳作的感人故事。大思想家墨子的艰苦劳作，就是要用他的实际行动去带动人们，用双手去提升自我生活的水平，能够实现和平。而他或从政、或治军的一些弟子们，也和他有着一样的崇高理想。我们身边不乏像墨子一般的可敬的人们，他们虽然没有高高在上的地位，没有家财万贯的实力，却有着墨子一般的智慧，有着一颗兼济天下的良心。他们或者只是这个社会中一个极不起眼的人物，却可以做出极其不平凡的事迹。他们同样不安于这个社会中不公平的现象，同样怀揣着一颗躁乱不安的心，但却以自己扮演的不同的社会角色谱写出一个不一样的人生，为社会的和谐尽了他们的绵薄力量。

名家点评

墨子也许是中国出现过的最伟大人物，是伟大的科学家、逻辑学家和哲学家。在整个中国思想史上，为中国贡献了逻辑方法的最系统的发达学说。

——胡适

墨子在人类文明史上，代表了一个时代的高度。他在哲学、教育、科学、逻辑、军事防御工程等许多领域，都有杰出的贡献，是一位伟大的平民圣人。

——季羡林

有时候最讲“爱”字的莫过于墨子，墨子所讲的兼爱与耶稣所讲的博爱是一样。

——孙中山

陈胜：斩木为兵揭竿起，虽败犹荣毁秦朝

人物浅谈

年轻时的陈胜就是个有志之士。他出身于雇农，因而他深受封建地主的压迫与剥削，可以说是心里“怅恨久之”，便逐渐地产生了一些反抗压迫、变革现实的积极思想。他曾说过的一句“燕雀安知鸿鹄之志哉”，在这一句话之中便可以看出他异于其他农夫的一些思想和认识。时值秦朝的残暴统治时期，秦二世骄奢淫逸，残暴地压榨着人民。作为一个有思想的年轻人是不甘于受人奴役的，他更怀着一颗悲天悯人之心同情和自己同命运的人。现实的残酷激怒了他那颗躁乱的心，他的内心呐喊着要反抗，最终由陈胜所领导的“大泽乡起义”揭开了秦末农民大起义的序幕，他成就了中国历史上第一次大规模的平民起义。虽然最终他未能推翻秦朝统治，但是他们点燃的反秦烈火却再也没有熄灭。

历史的躁动

他是能够震撼暴秦帝国的统治、能够叱咤风云的一位伟大的历史英雄，司马迁亦把陈胜列入了“世家”行列，究其原因，无疑因他是首个起义亡秦的领导者，而且他也同样是三代以来以平民身份而起兵反抗残暴统治的第一人。既然司马迁能将他列入于“世家”，能够把陈胜的功业与商汤放桀、武王伐纣这些事情来相提并论，这也可以看出他的贡献之大。从平民出身到伟大的农民起义的领导者，陈胜经历了超出他本来角色所承受的思想斗争与压力，即便是当时秦政无道，百姓都生活在水深火热之中，他大可以隐居于山林，生活虽然清苦，却不必拼着自己的性命到处征战。但他志在四方，经过内心的挣扎，他毅然高举反秦大旗，创造了“斩木为兵，揭竿为旗”的佳话。

秦二世元年，朝廷征发闾左900余贫苦农民去渔阳戍边。陈胜和吴广也在其列，并被指定为屯长。不料队伍途经蕲县大泽乡的时候，遇到大雨，故不能前进。当时秦朝刑罚残酷，按照秦朝的法律，凡戍卒不按期报到者要被斩首。无奈加之又是在这生死一线之时，陈胜跟吴广商议，与其去送死倒不如就地起义。陈胜是聪明有心计的，为了更好地发动群众，增强起义的号召力与向心力，他们将写着“陈胜王”三个字的丹帛塞进鱼腹中，待戍卒剖鱼腹时去发现。深夜他们又模仿狐狸的声音，高呼：“大楚兴，陈胜王。”他用这种“鱼腹丹书”、“篝火狐鸣”的方式，向众人证明了起义符合天意，而陈胜是他们的真命天子。后趁机杀掉秦尉，斩木为兵，揭竿为旗，点燃了中国历史上第一次农民大起义的熊熊烈火。

陈胜可谓是一位有勇有谋的领导者，身为平民百姓的他了解大众的劳苦，他没有像其他人那样安于现状，在秦二世的残暴统治下苟延残喘，他的思想是进步的。他不相信天命，敢于去反抗。他的内心同样是恐惧的、不安的，甚至会是犹豫的：一方面若是安于做一名生活在统治最底层被压榨的贫民百姓，把自己的死活交由统治者摆布，他是不甘心的；另一方面领导起义反秦，他又冒了太大的危险，稍有不慎，他的性命必定不保。然而他听到了像他一样生活的人们痛苦的呻吟，加之在大泽乡的机遇，种种的因素，他再也按捺不住自己心中的躁乱与怒火，决心起义反秦。他超越了自身的局限，他是勇敢的、勇于突破的，他用他的行动证明了人民的力量是巨大的。虽然大泽乡起义并没有成功，但是他像是一股春风吹醒了沉睡中的愚昧的人们。陈胜虽然死去了，但是他唤醒了千千万万个陈胜，秦二世虽未能死于他手，但是秦二世最终走向了覆灭，他是为后人所尊重的。刘邦称帝之后，陈胜被追封为“隐王”，按王侯待遇对陈胜年年杀牲祭祀，以示对其尊重。

今人品读

陈胜生活在那个被统治阶级“富贵在天”说教所欺蒙的时代。当时的贫苦农民，一时之间还很难能够去理解实际上代表了他们自己的阶级摆脱贫困、压迫的先进思想。而这正是陈胜的杰出之处，他能够率先地看到了这种贫贱、富贵的不平等，更值得赞叹的是他还提出了改变这种不平的朴素而勇敢的要求。去反抗命运的坚定的决心犹如一团烈火在陈胜的胸中熊熊燃烧，并且在此后不久，他便以自己的实际行动向人们证明了他的豪言壮语。虽然农民起义有一定的局限性，而且在陈胜称王之后，他的思想也逐渐地发生了演变，日益疏远了与群众的关系，遗忘了当年所说的“苟富贵，勿相忘”的话，最终导致了起义的失败。但是陈胜领导的这次农民起义，建立了自己的政权，组织了抗战的队伍，也提出了富有号召力的革命口号，这充分地显示了农民起义领袖的胆识和组织才能。

陈胜、吴广起义给了我们后人非常深刻的启示。他警醒了那些在压榨中敢怒不敢言的人们，他以自己的行动代表最广大受苦的百姓向统治者讨要生存的权利，见证了“水能载舟，亦能覆舟”这一亘古不变的真理。他所领导的起义为他之后的各个阶级的起义的反抗斗争开创了先例，成为了一个可供参考、富有价值的史料。他的反抗精神也无疑被现代的人们所敬仰。倘若当时没有他的振臂一呼，没有唤起受压迫人们的反秦意识，或许暴秦要再持续几年，倒在血泊中的受迫害的冤魂不知道要多出多少。透过历史的镜子，我们更应该看清楚历史带给我们的警醒，己所不欲，勿施于人，把自己的欲望建立在他人痛苦之上的人是不会有好结果的。遇到不公要有反抗的意识，而不是唯唯诺诺、忍气吞声，要有一颗敢于创新、勇于挑战的心。

名家点评

陈胜虽已死，其所置遣侯王将相竟亡秦，由涉首事也。高祖时为陈涉置守冢三十家，至今血食。

——汉·司马迁《史记·陈涉世家》

陈涉起匹夫，驱瓦合適戍，旬月以王楚，不满半岁，竟灭亡。其事至微浅，然而缙绅先生之徒，负孔子礼器，往委质为臣者，何也？以秦焚其业，积怨而发愤于陈王也。

——汉·司马迁《史记·儒林列传》

唐寅：舞弊一案交厄运，桃花坞里半生闲

人物浅谈

他秉袭了阮籍的不拘礼法和放诞不羁，他又颇有太白的自负和狂放遗风。他就是号称“江南第一才子”的唐寅。唐寅年纪尚轻的时候也具有建功立业的心志，从他的“名不显时心不朽，再挑灯火看文章”就可以看得出，但后来由于受到了科场案和舞弊案的牵连，致使他有了“但愿老死花酒间，不愿鞠躬车马前”的厌仕情绪。他具有文人才子的那种桀骜不驯的个性和横溢奔放的才情，却遭受到

了科举制度和封建官僚制度的压抑和摧残，唐寅胸中的汹涌澎湃和抑郁不平的情感常常都是借助背俗反常的种种行为才能够得以发泄。“生在阳间有散场，死归地府又何妨。阳间地府俱相似，只当飘流在异乡。”他晚年在潦倒混沌中了此残生。

历史的躁动

唐寅狂放不羁的个性和独特的诗文风格虽然与明朝中期的政治文化环境有些许关联，但更多的是所受科场一案的屈辱，个人有志却不得施展，怀有才能而不得重用，这是他美好的理想与残酷的现实产生巨大的落差之后的痛苦宣泄。他内心是狂躁的，他对自己的才华是充满信心的，甚至他灵魂的孤傲就建立在他的才学之上，然而却不被统治者赏识。他看清楚了明朝的黑暗腐朽，他绝望了。他开始追求一种自我的超脱，也强调对个体生命价值的认同，更加重视人格的独立与意志的自由。“越名教而任自然”，“礼岂为我辈设也!”呐喊出了他的心声。

史料上记载，唐寅自幼便天资聪慧，能够熟读四书五经，且博览史籍，在16岁的秀才考试中夺得了第一名，整个苏州城都为之轰动。但是在他20岁后家中便开始接连地遭遇不幸，父母、妻子、妹妹都相继去世，家境也随之开始衰败。29岁他又参加了应天府的公试，高中第一名解元。正当他踌躇满志，却牵涉科场舞弊案而交厄运被斥为吏。泄题的说法，虽纯属无中生有，但明廷为了平息仍喧哗不已的舆论，最终以徐经进京晋见时送过见面礼给程敏政，而唐寅也因曾用一个金币向程敏政乞文，使两人都被削除仕籍发充县衙小吏使用。程敏政也因为这次的科场案罢官还家。一场以各打五十大板结案的科场大狱，改变了多少人的命运。程敏政罢官归家之后便愤郁发疽而身亡。孤傲的唐寅当然是耻不就吏，归家后却夫妻反目，剩下自己消极颓废，筑室“桃花坞”用以自娱。

毫无疑问这使唐寅遭受了很大的打击。他愤懑地开始抱怨他自己“筋骨脆弱，不能挽强执锐，揽荆吴之士，剑客大侠，独常一队，为国家出死命，使功劳可以记录”，之后唐寅向他的好友表明心迹：“岁月不久，人命飞霜；何能自戮尘中，屈身低眉，以窃衣食！”之后这位有着“士可杀不可辱”气节的江南才子奋然攘袂，顿足而起。此后唐寅看透人生，益加放浪形骸，绝意进取，由此不思仕途。归家之后开始纵酒浇愁，游历名山大川，并且决心以诗文书画来终其一生。家中过得是非常清贫的，更为惨淡的是他的妻子也离他而去。“不炼金丹不坐禅，不为商贾不耕田。闲来写幅丹青卖，不使人间造孽钱。”以诗文来表明他那种淡泊名利、专事自由、读书卖画生涯之志。他自信、自负的内在情感的外在表现是他之后狂放不羁的性情。当受到科举制度或官僚制度的压抑和摧残时，这个文人才子的那种桀骜不驯的个性与其横溢奔放的才情，醉舞狂歌、花中行乐的追求，都借助这些背俗反常的癫狂行为得以发泄，以缓解他胸中汹涌澎湃、抑郁不平的情感。这些举动成就了他一种率性而行、不顾世俗眼光的名士之风。

今人品读

自古至今，人们口中的唐寅都是明代的一位傲诞奇才。他那狂放不羁、傲诞奇异之举，明显地打上了当时特定时代的一种文化烙印，在中国传统的知识分子中具有一定的典型性和代表性。封建专制制度下的世俗社会，往往可以造就出一些在诗酒风月中恃才纵情的文人雅士。唐寅那种不受拘束、背离常态的人格特征和他那崇奇尚异的审美精神，主要决定于当时社会文化精神的一些价值取向，也是时代风尚的一种折射。从思想文化史上来看：一方面，他们在个性上的追求与叛逆性有其俗而不俗的一面，反传统的意义是十分鲜明的。但同时他们的骨子里却又同样有着极其文弱的一面，自觉或者不自觉地就陷入了平庸之境，在狂放不羁、能够抛却生死荣辱的同时，也躲避了社会责任与崇高的道德使命，这对今天社会的知识分子的人生选择也是颇有警示意义的。唐寅的生命历程是中国历史上某一类文人的一种缩影，也是追求自由者的一次心灵之旅。唐寅的放诞不羁和张狂任性，是魏晋风流的承延。他能够恃才傲物、笑傲王侯，可谓是李白遗风的唱和。他特立独行的思想和举止，对当时和后代人都产生着深远的影响。

从唐寅的身上也可以看到现代社会中这一类人的身影，他们特立独行，有着自己对事物的独特认识和看法，当他们发现自己的才华并不被认可的时候，会变得消极甚至绝望，开始以一种异于常人的态度发泄他们心中的愤懑，当然或许他们可以在某个领域绽放他们超越常人的光彩，但是本着积极负责的态度是社会人对社会应负的责任。身为社会的一分子，我们都应该保持一颗平静、不骄不躁的心去为社会贡献自己的力量，任何消极的做法都不会取得好的结果。

名家点评

落魄迂疏不事家，郎君性气属豪华。高楼大叫秋觞月，深幄微酣夜拥花。坐令端人疑阮籍，未宜文士目刘义。只应郡郭声名在，门外时停长者车。

——明·文徵明《简子畏》

（唐寅作诗）纵笔疾书，都不经意，以此任达，几于游戏。

——清·朱彝尊《静志居诗话》

王艮：身怀大志出贫寒，自学成材建泰州

人物浅谈

王艮自小家境贫寒，饱经人间沧桑，却从小又是一个胸怀大志、自立有为的强者。他刻苦自学，且更有虚心尊师求教之心。他以途人为师，"逢人质义"，但并不故步自封。他所创建的泰州学派，是我国学术史上第一个具有早期启蒙色彩的学派，是早期进步思想的启明星。他的学生多为下层群众，他崇尚布衣之道，终生不仕。由于他非经院出身，一生文词著述很少，但他口传心授，使所传授的知识"愚夫愚妇"都能明白易懂，成就了泰州学派的特色。他的思想接近于劳动人民，呼出了最底层百姓的心声，被统治者视为"异端之尤"。

历史的躁动

从一个粗识文字的灶丁，到泰州学派的创始人，王艮用他的一生谱写了一个奇迹，家境的贫寒并不能阻止一个人对知识的渴求和对理想的追逐。他有着刻苦自学的坚定耐力，学成后的他强调后天学习的重要性，那是他自学成材的切身体会。王艮好学心切且求知若渴，他敢于去冲破家庭的重重阻力，不远千里，去求学于名师，王艮所经历的一生对泰州学派作出很大的贡献，也开创了他所独特的思想。"王艮所创建的极其富有平民色彩的理论，虽然不能够摧垮专制的封建统治，亦无力去冲决封建伦理纲常的那些藩篱，但是他是闪烁着启蒙色彩的理论。"他不与专制统治者合作，始终保持着与劳动人民的血肉联系和一致性。

王艮出生于一个世代为灶户的家庭，"七岁受书乡塾，贫不能竟

学”，11 岁便辍学归家，过着忍饥挨饿的生活，只能踏实地劳动，操持家务和在盐场烧盐，担负起家庭生存的责任。家庭的贫寒使他丧失了求学的权利。迫于生活的压力，王艮在生活道路的深刻的探索之中，想能够通过医道去谋求自己的生计和能够去医治社会，但最终没把医道作为他终生崇尚的事业。本为一个粗识文字的灶丁的王艮，把理想坚定无悔地定在“做学问”上。当时的他文化基础极差，他所居住的又是偏处在海滨的僻地，更重要的是并无名师指点，在这样困难的条件下，他发愤刻苦地自学，“默坐体道”、“闭关静思”。如此苦心孤诣，踽踽独行的刻苦学习精神，是奇突而又感人的。毫不夸张地说，王艮确实是一位很出色的“自学成材”者。王艮虽然有才华，但是一生都没有出仕为官，以布衣之身传道。他虽出身贫困，但却没有为高官厚禄所动。王艮一生都与下层人民保持一致，有着一股背弃正统文化教养的“异端”本色。

家境的贫寒，并没有磨灭了他奋斗的心。他生于贫苦的家庭，却拥有躁动向前的坚定信念，更有着刻苦自学的耐心。学有所成之后，他并没有贪图高官厚禄，而是婉言谢绝朝廷高官的推荐。他坚持终身不仕，始终保持着与劳动人民的血肉联系和一致性。王艮对当时的统治者表白说：“使仆父子安乐于治下，仍与二三子讲明此学，所谓师道立，则善人多，善人多，则朝廷正，而天下治矣。”他创立的泰州学派，影响极大，精英辈出。他的躁动不仅表现在对学习学问的坚定信念上，更表现在他的思想上。他不拘泥于当时的正统思想，不为朝廷所利用，敢言敢语与朝廷背离的学说，始终站在最底层劳动人民的立场上，虽被当朝者称为“异端”，但是却本色依旧、毫不退缩，为后人所称颂。

今人品读

后人评价王艮：“创建的泰州学派，是我国学术史上第一个具有早期启蒙色彩的学派。”“他所创建的富有平民色彩的理论，虽不能摧垮专制的封建统治，亦无力冲决封建伦理纲常的藩篱，但是他的闪烁着启蒙色彩的理论，他以‘万世师’自命的‘狂者’风格和鼓动家、传道者的热忱，以及从事平民教育、传道讲学而终身不入仕途的‘气骨’，却深得下层百姓的拥护，而且成为泰州学派的思想传统。”

他的一生都在为他的目标而奋斗。自幼家境的贫寒并没有给他带来任何的不自信和自甘平庸，他内心是躁动的、激情澎湃的，王艮的一些观点，充分体现了社会较低阶层的一些要求和平常人们的一些普遍的愿望，充分地维护了劳苦大众的利益。他的人民性的一些观点，是具有反封建统治的进步意义的。在这一点上更能体会到他异于其他学问人的思想认识。

我们应该像王艮一样，出生的环境、生长的环境是不能由自己决定的，但是自己成长的路是可以按照自己的想法决定的。王艮的一生及其取得的辉煌成就，带给我们的启示就是注意自身的后天培养，以及坚韧的意志和对自己理想孜孜不倦的追求。在这方面看，拥有一颗躁动追求的心，只要不偏执，不走错路，而且不甘于平庸，是行得通值得去做的。我们后人更应该秉承先人的经验，吸取失败的教训，沿着前人的足迹踏出一条新的道路，开辟一片属于自己的天空。假若王艮没有坚定地做学问，没有坚决不为官，就不会有那些进步的亲民思想，也不会有泰州学派，更不会给后人以启示，中国的古代就会缺少了这样一颗耀眼璀璨的明星。

名家点评

王艮思想有接近劳动人民的一面，他反映出广大农民和小生产者的若干愿望和利益，但是有严重的弱点，就是对统治阶级仍然存在幻想，宣扬阶级调和论的观点……因此，不管他主观愿望如何，客观上是起到麻痹劳动人民革命斗志的作用。

——杨荣国

泰州学派是明代后期的一个独特学派。泰州学派创始人王艮出身平民，是一个平民思想家。

——张岱年

徐渭：鸡鸣紫陌曙光寒，狂癫潦倒度晚年

人物浅谈

徐文长是明朝在诗文、戏剧、书画等各个方面都能够独树一帜而闻名于世的大才子，他的作品对当世及后世产生了极其深远的影响。徐文长的诗，被袁中郎尊之为明代第一。徐文长的戏剧，也同样地受到了汤显祖的极力推崇。在绘画方面，他更是我国历史上艺术成就最为突出的人物之一，就连近代著名画家齐白石都曾说："青藤、雪个、大涤子之画，能横涂纵抹，余心极服之，恨不生前三百年，为诸君磨墨理纸。诸君不纳，余于门之外，饿而不去，亦快事哉。"然而，徐文长的一生却是格外地坎坷和不幸。他虽然有着一颗强烈的功名事业心和一个伟大的报国愿望，却 8 次不中举，40 岁才中举人。理想的远大及现实的残酷让他心中抑郁狂躁，那种躁动终归使他的一生越发坎坷。中年因为发狂杀死妻子而下狱七载。晚年只能靠着卖字画，甚至是卖书卖衣来苍凉度日，终于潦倒而死。

历史的躁动

徐文长自幼以才名著称乡里，故颇有些自负自傲，常给人以恃才纵诞的印象。他在艺术创作上绝不依傍于别人，更加偏爱于独创一格、独树一帜，具有强烈的个性色彩，且风格豪迈而放逸，且对民间文学十分爱好。他对功名入仕充满向往，天不遂人愿，在科举道路上他却屡遭挫折。他连年应试未中，在精神上也很不愉快，尽管最终并未涉足仕途，但他对社会政治依旧十分关心，是一个富有爱国热情的人。胡宗宪死于狱中后，生性本来就有些偏激的徐文长，对胡宗宪被构陷而死更是深感痛心，更是担忧自己也受到迫害，这样一来他对人生彻底失望，以致发狂。

1. 才名远扬而屡试不第

据说徐文长从小便极其聪慧，自 6 岁开始读书，9 岁时便能作文，十几岁时作《释毁》仿于扬雄的《解嘲》，一时间轰动了全城。被誉之为神童，比之为刘晏、杨修。20 余岁与越中名士陈海樵、沈鍊等人一并被誉为“越中十子”。少年时的种种赞誉造就了徐文长自负自傲的性格。然而好景不长，此后参加举试 8 次不得高中，40 余岁才中举人，这对徐文长这个对功名事业充满了向往的人来说无疑是重大的打击，为他以后的悲惨结局也描上了底色。

其实不难想到徐文长在科举考试中一再地失利并非是偶然的。这源于他的性格和喜好，少年时他便喜欢博览群书，厌烦八股。更加之其个性显露，情感张扬，能写出规行矩步而阴沉死板的八股文对于他来说却实属难事。但即便八股文确实毫无用处，但这毕竟是旧时文人在政治上的唯一出路。屡试不第，深感前途无望的徐文长内心的惆怅、躁乱难以言表，他更是对那些从科举出身而绝无才学的官僚嗤之以鼻。绝望的他用杜甫《早朝》的诗句：“鸡鸣紫陌曙光寒”，表露出了对悲切人生的感慨。

2. 从戎幕到牢狱

徐文长一生中最得意的时期是他以才名为总督东南军务的胡宗

宪招入幕府掌文书。胡宗宪对他十分倚重，且对他放任的性格也格外优容。然而胡宗宪却出于各种的原因与当时的权臣严嵩来往甚密，当严嵩被免职之后，胡宗宪自然而然地也受到了参劾，最终被逮捕至京城，被免去官职。在嘉靖四十四年之时，胡宗宪再次被逮捕入狱，最终死于狱中。生性本就有些偏激的徐文长，因连年应试未中，精神上已是很不愉快了，此时的徐文长更是对胡宗宪被构陷而死深感痛心，他更加担忧自己也一并受到迫害，愤怒与恐惧交加的他对人生彻底失望，以致发狂。癫狂反复发作，自杀有9次之多。在一次狂病发作中，因怀疑继妻张氏不贞，将其杀死，因此锒铛入狱。

如果说科考的不如意为他癫狂的行为埋下了伏笔，那么胡宗宪的死，就是他残存的一点被赏识希望的破灭。这种由希望到绝望的落差致使他癫狂到了极致，他自杀，他杀害至亲之人，都是对自身郁郁不得志的发泄，躁狂的举动并不能换取他的大好前程，只能是损人害已，更注定了他晚年的潦倒生活。

今人品读

徐文长的一生是坎坷的，令人惋惜的，他所怀有的才能不应该使他有一个如此悲惨的人生。徐文长的梦想是远大的，诗词书画样样精通，但他却并不想做一个文学家或艺术家，他更加迫切地希望获得功名，成就一番事业，实现他伟大的抱负。当他成为胡宗宪的左右手，指挥若定、运筹帷幄的时候，他也曾一度以为自己的前程将会无比光明，然而转瞬之间，命运却再次将他抛入了深渊。当胡宗宪死后，“覆巢之下，岂有完卵”的道理他是十分清楚的，作为胡宗宪的幕僚，他自然也难逃干系，但更让他痛苦的是自己梦想的彻底破灭。希望已经落空，再加上时有传闻，说要把徐文长抓去跟胡宗宪做伴，他的精神也便随之彻底崩溃了，自杀、杀妻，让他原本已经很落魄的生活更是雪上加霜了。

像这种怀有很高的才能却郁郁不得志的人，在现代社会也是比比皆是。但是如果人人都因自己的情绪而去伤害自己、伤及大家，那么社会将会变得混乱不堪。人应该怀着一种平静负责的心态为人处世，才能做到成功，才能把成功保持得更长远。不能因为自己一时的失败就对自己全盘否定，从此一蹶不振，做出损人害己的事情更是不应该，如果当时的徐文长能够稍微抑制自己的本性，或许能够如他所愿得个一官半职，那样更能够为实现他的人生目标做好铺垫，也能够做出更多有益于人民的事。顺应时代发展的潮流是每个人必须要面对和经历的，太落后或者太超前都不会得到好的结果。或许身为后人的我们可以品读到他当时的无奈，但历史是残酷的，他没能遇到那个高瞻远瞩赏识他的人，他无法适应那个年代，也最终导致了一生悲惨的命运，使人惋惜。

名家点评

文长既已不得志于有司，遂乃放浪曲蘖，恣情山水……其所见山奔海立，沙起云行，风鸣树偃，幽谷大都，人物鱼鸟，一切可惊可愕之状，一一皆达之于诗。其胸中又有勃然不可磨灭之气，英雄失路、托足无门之悲，故其为诗如嗔如笑，如水鸣峡，如种出土，如寡妇之夜泣，羁人之寒起。当其放意，平畴千里；偶尔幽峭，鬼语秋愤。

——明·袁宏道《徐文长传》

徐霞客：无心功名志四方，历经万苦终有成

人物浅谈

徐霞客从小便热爱伟大祖国的壮丽河山，因此便立志要遍游中国的名山大川。他虽出生于一个有名的富庶之家，但他不愿为官，而喜欢读书，喜欢到处游览欣赏山水景观。实际上徐霞客的游历，并不是我们所说的单纯意义上的寻奇访胜，更为重要的是他是为了探索大自然的奥秘，进而寻找到大自然的规律。最终功夫不负有心人，他在山脉、水道、地质和地貌等诸多方面的调查和研究，都取得了超越于前人的成就。徐霞客写下的游记不但有地理价值，也有着文化底蕴和艺术价值，他志在四方的秉性所留下的重要资料，经后人整理最终成就了著名的《徐霞客游记》，这是中华民族文化的瑰宝。徐霞客热爱祖国，热爱科学，他更有着在科学事业上奋勇攀登的崇高精神，这一点是最值得后人称赞并且永远学习的。

历史的躁动

提到徐霞客，我们第一个想起的就是《徐霞客游记》。那是一本兼有科学价值和文学价值的奇书，是徐霞客一生跋涉的写照，是他讴歌祖国大好河山最美的缩影。他的游历并不是单纯意义上的游玩，而是为了了解自然地质的一些奥妙和规律，进而为人所用。在漫长的旅途中，徐霞客为了考察的准确性，步行前进，披星戴月，风餐露宿。他在游历的过程中，曾经多次遭遇险境，但依旧坚持了一生，他这种执着被现代旅行家称之为“徐霞客精神”。他有一个凡人的躯体，却胸怀四方，他敢想敢做，更能够在自己的坚持下终有所成，他是以平凡之身奏出了不平凡的人生。他的内心为祖国的大好河山而呐喊，为秀丽山水而悸动。他不愿热衷于功名利禄，不愿为官去明争暗斗，他只愿山水为伴，做一些别人看不到的研究，正是他的这种心理，身为后人的我们才能有幸看到这么好的历史地理艺术资料。

徐霞客出生在一个有名的富庶之家。祖祖辈辈都是读书人，可谓是书香门第。徐霞客的父亲徐有勉一生未涉仕途，更不愿同权贵交往，其喜好便是到处游览欣赏山水景观。徐霞客自幼也是受到了他父亲的影响和熏陶，他甚是喜爱读历史、地理和探险、游记等诸如此类的书籍典著。这些书籍给了他很大的启示，使他对外面的大好河山充满了向往，使他从小就热爱祖国河山的壮丽，立志要遍游名山大川。他的母亲也是个通情达理之人，鼓励儿子外出游历。自 22 岁起直到 56 岁逝世，他的绝大部分时间都是在旅行考察中度过的。徐霞客的一些游历是在完全没有政府方面资助的情况下去进行的，他的足迹遍及大半个中国。一路上他历尽千辛万苦，他主要靠徒步跋涉，连骑马乘船都很少，还经常自己背着行李赶路。

不仅如此，徐霞客还擅长记录。他在跋涉一天之后，却顶着身体的疲劳，无论在什么地方住宿，他都会坚持把自己考察的收获记录下来。据统计，他写下的游记有 240 多万字。虽然有所流失，但留下来的资料经过后人整理成书，这就是著名的《徐霞客游记》。这部书是把科学和文学融合在一起的一大“奇书”。徐霞客最后一次游历回家，染有重疾，病重时依旧翻看自己的岩石标本。临死之前，徐霞客的手里还紧紧地握着他考察中所带回来的两块石头。由此可见他心中对地理游历的喜爱程度。

徐霞客的内心是不平静的，父亲去世后，他并没有守在母亲身边尽好孝道，虽说他的母亲通情达理，“怎么能因为我在，你就像篱笆里的小鸡，套在车辕上的小马，留在家园，无所作为呢？”但是徐霞客的心里也是惦念的。他所做的不仅仅是坚持了他的理想，更是一件有意义的事情。他的一生都在为了他所爱好的事业而不断地奋斗着，虽然很坎坷很艰辛，但他并未有所动摇，直到生命的最后一刻，他都在为他的坚持而呕心沥血。

今人品读

在这个纷扰的大千世界之中，从来都没有不劳而获的东西，一个人所付出的代价越多，他的收获也就会越大。徐霞客从事艰苦卓绝的地理考察活动，终于结出了一些丰硕的科学成果。他的贡献并不仅仅表现在对地理学有重大的研究成果，而且在文学领域中也有很深的造诣。徐霞客所书写出的游记，既是地理学上珍贵的资料文献，同时又是笔法精湛的一类游记文学。徐霞客的游记，与他所潜心描绘出的大自然一样的质朴而绮丽，有人称赞他的游记是“世间真文字，大文字，奇文字”。读他的游记，使人们感到的是一种真与美的享受。大自然中的雨、雾、晴、晦的千变万化和山、水、树、岩的千姿百态，栩栩如生地再现于徐霞客的笔端，仿佛使得我们也有幸随着徐霞客的足迹，跋涉奇峰峻岩、急流险滩，置身于祖国这个秀丽的山河之中，无人不为之而陶醉、为之而骄傲，心中也便会油然升起一种对祖国的无限深情。

我们应该秉承着他的这份执着积极地投身到对伟大祖国的建设中，无论身居何职，扮演何种社会角色，都应该尽自己所能，倾注自己所有的精力。不安分的心应该表现在对自己的不满足上，而不是斤斤计较他人的行为，更不是见利忘义。徐霞客的一生都没有为官，没有享受荣华富贵。并不是因为他没有能力，而是他敢于坚持自己所热衷的事业，并为之奋斗。包括《徐霞客游记》都是后人所整理，这深刻地表明了徐霞客只是本着为民为国为喜好而劳作的朴实的人。假若当时徐霞客甘于平庸，或是贪图名利，身为后人的我

们也不会看到他的思想，更不会有《徐霞客游记》这样的传承瑰宝。我们现在的社会更是需要一批这样干劲十足且有目标、有理想、有才能、有作为的人，为创造出更好的明天作出贡献。

名家点评

他的游记读起来不像是17世纪的学者写的东西，却像一位20世纪的野外勘测家所写的考察记录；他不但在分析各种地貌上具有惊人的能力，而且能够系统地使用各种专门术语。

——李约瑟《中国科技史》

霞客磊落英奇，目空万卷，少应试不得志，即肆志玄览，尽发先世藏书，并镌未见书……称博雅君子。

——明·吴国华《徐霞客圹志铭》

君少习举业，旋弃去。调优负奇，天下奇胜无不游，奇人无不交，奇事无不探，奇书无不鬻。

——《高士徐霞客》

黄宗羲：一波三折命多舛，不受衔禄为儒林

人物浅谈

黄宗羲的学问极其渊博，思想深邃，著作宏富。他是东林遗孤，复社的领袖，他也曾投笔从戎，甘为游侠，最终他厕身儒林，著书布道。这也就是他自己总结的一生的三变："初锢之为党人，继指之为游侠，终厕之于儒林。"可以说他的一生是坎坷多变故的，明末其父被害，黄宗羲入京讼冤，明清之交他又加入抗清的队伍，失败后

的他最终潜心钻研学问，拒绝入仕，终于在思想文化上学有所成。这样的三个阶段使他的一生都充满了躁动，他在悲愤中奋发，在国难时挺身而出，在绝望中潜心学问，最终他看透了出仕入官不如一介布衣书生，断然拒绝了富贵荣华，成为了值得敬佩的儒士。

历史的躁动

黄宗羲所生活的那个时代，是整个中国社会发展史上的又一个巨大的转折时代。在明清交替之时，东北地区的满族贵族正在伺机而起，以其日益强大的军事力量，入主中原，这是黄宗羲所痛惜且不想看到的。统治阶级腐败无能，而他个人势单力薄根本无法阻挡历史的洪流，他内心是躁乱而压抑的。清朝取代明朝早已是无力回天之事了。虽说清王朝继承了明王朝的衣钵，封建社会继续延续，但是封建主义的老朽躯体已经开始衰败，新思想的萌芽与发展无疑给黄宗羲提供了时机，他刻苦钻研，昂奋前进，走在时代的最前列。

黄宗羲的父亲是东林名士，在明熹宗在位期间，官至朝廷御史，但因其对当时腐败政治不满，屡次上书熹宗，以弹劾以魏忠贤为首的阉宦集团，后被陷害入狱致死。父亲被害后，黄宗羲毅然决然地入京讼冤，上书崇祯皇帝锥刺奸党。当他伸冤事成后，在绍兴证人书院师从于著名理学大家刘宗周，开始了他求学生涯中的一个重要阶段。后加入复社，跟一些进步人士一起领导了声讨阉党的斗争。当明王朝陷入了朝不保夕的境地后，他投笔从戎加入了抵御清军的斗争，甘愿做一名游侠。黄宗羲是一个有崇高的气节并且胸怀谋略、热爱国家的人。当明朝覆灭后，他怀念那些抗清亡友，同时也对他自己未能以死报国而感到愧疚。但是他也异常珍惜自己九死一生的生命，他怀着悲愤的心情去探求明亡的原因，改革君主制的弊端，为完成他的著述只争朝夕。他的《明夷待访录》成了后来清末戊戌变法甚至近代资产阶级革命有力的思想武器。他恢复学院开始讲学，培养和造就了大批的人才。黄宗羲在学术上取得了越来越大的成就，清朝统治者想重用他，他却立下了“朝不坐，宴不与，士之份亦止于不仕”的遗民操守。康熙帝以礼敦请他去编修《明史》，黄宗羲也以年老多病为由力辞不往。

黄宗羲之所以能成为一位伟大的思想家，主要在于他的一生是不断地斗争不断地学习的。明末时与宦官斗法，在同黑暗的社会恶势力的殊死斗争之中，使得黄宗羲初步地察觉到了明朝封建统治的丑恶本质，这使他对朝廷的无道倍感失望。他心系天下黎民，却不能被朝廷重用；他徒有一身治国之道、一颗为国尽忠之心，却不能为天下苍生除恶扬善。他内心的躁动、狂乱是他人所无法感同身受的。在受到了巨大的落差的痛苦之后，他把功名利禄看得特别淡，开始投入到经世致用的学问中。后又开始御清，当他失败以后，黄宗羲又可以用清醒的头脑对“国家兴亡、历史变革”进行一系列深刻的反思。这更坚定了他绝不入仕的信念，直到晚年，黄宗羲始终著述不辍，这使他的思想和学术都达到了顶峰。

今人品读

了解黄宗羲的一生，要把他的一生分为三个历程去把握。每个阶段的黄宗羲都是在斗争中挣扎，每段历程都要在内心经历激荡后，找到属于他的那份内心平静的契合点。从明思宗朱由检即位，黄宗羲赴京讼冤起，到民族矛盾逐步上升成为了主要矛盾的历史转折这一关头，黄宗羲所表现出的就是一个思想家所应有的品格，适时地将“反弊政、反权奸”的斗争，转变成了一个反对清王朝残酷的民族征服战争的斗争，他投身于武装抗清。最后他已经进入了一个崇高的哲学境界，他的思想、人格已经臻于化境。纵观黄宗羲的一生，应该说，第三段生活历程，是他的黄金时代，在思想上、学术上均达到了一个顶峰。而最光辉的一个标志就是黄宗羲的代表作《明夷待访录》。

在经历了父亲含冤而死的家庭变故之后，申冤、除害的那些豪情壮举，使黄宗羲旋由“逆党余孽”变成为“功臣遗孤”，因而名动京师，一时之间誉满朝野。有诏抚恤死难，且赠官三品、荫其一子。但是黄宗羲的头脑已比乃父更为清醒，他并没有留在繁华的京城做官，当年的秋天即扶父亲的灵柩南归。第二年即遵父遗命，就学于刘宗周。在经历了朝廷颠覆的亡国之辱之后，明朝被清廷逐渐地颠覆之后，黄宗羲在学术上的惊人成就震撼了朝野，清廷曾经先后几次以越来越优厚的条件去召聘他到京，都被他委婉地拒绝了。但是，随着清王朝在大局稳定之后的政策上的一系列变化和黄宗羲自己的那种强烈的民族主义思想的转变，他对清廷的态度是有所转变的。但是黄宗羲始终都是恪守本人不仕清廷的节义。

走出黄宗羲，在我们身边亦有更多与之秉性相仿之人。他们大多历经坎坷，有着超出一般人的才能，当他们一心想要尽自己绵薄之力时却发现他们并没有这样的环境。他们亦有自己崇高的气节，有自己的追求，也最终能够找到适合自己的位置，在自己的位置上绽放出独特的光芒。

名家点评

原来我们国度另有比卢梭早200年的这么进步先辈的思维。

——梁启超

曹雪芹：家道中落终落魄，一曲红歌悯忧愁

人物浅谈

曹雪芹是一个性格傲岸，且又愤世嫉俗、豪放不羁的文学志士。他生性嗜酒，才气纵横，同时也善于谈吐。无论是古人抑或是今人，提到他的才情无不称赞。他是一位风格近似于唐代李贺的诗人，他的诗，立意新奇。他被友人称赞："爱君诗笔有奇气，直追昌谷破篱樊。"他又是一位画家，喜绘突兀奇峭的石头。当然他最大的贡献在于他所创作的小说。《红楼梦》便是一个不可多得的典范，在内容上丰富精彩，思想深刻，耐人寻味，艺术精湛。可以说《红楼梦》把中国古典小说创作推向最高峰，在文学发展史上占有十分重要的地位。然而家道中落的曹雪芹是无法使自己内心平静的，敦敏曾经在评论曹雪芹的时候写下了"傲骨如君世已奇，嶙峋更见此支离。醉余奋扫如椽笔，写出胸中块垒时"。可见就连他所画之石都寄托了胸中郁积着的不平之气。他一生都没有摆脱落魄境地，最终染病贫困无医而终。

历史的躁动

曹雪芹具有着"达则兼济天下，穷则独善其身"的双重文化性格。他极其典型的知识分子形象来源于他痛苦的生活经历，这种痛苦的经历被他在《红楼梦》里充分地戏剧化，使得那部千古卓绝的旷世之作带有更多的矛盾复杂、扑朔迷离的成分。透过这部著作，我们发现了曹雪芹的那种悲剧的心理。这表现在他对人生苦难的深沉的感悟，也同样透露出了他对过往昔日富贵荣华的丝丝的眷恋，当然更多的是对罪恶现实的深刻批判，以及他对未来前途的一种执著着追求。经历了大起大落的坎坷人生，他心里躁乱在所难免，他在痛苦中拼命挣扎，歌颂与批判，眷恋与扬弃，希望与绝望，这种种的一切复杂而又矛盾地交织在曹雪芹的内心深处，他像被巨大的旋涡所吞噬，难以自拔，最终还是难逃命运的捉弄而潦倒终生。

曹雪芹年幼时曹家被抄，败落后的曹家从此开始一蹶不振，日渐衰微。曹雪芹也因此经历了他生活中的一个重大的转折，这样一来无疑会使他深感世态的炎凉，使他对封建专制统治下的社会有了更为清醒、更为深刻的认识。从此他便开始蔑视权贵，更亦开始远离官场，曹雪芹从此便只能过着贫困如洗的艰难日子。晚年的曹雪芹移居于北京的西郊。他的生活也由此变得更加穷苦，“满径蓬蒿”，“举家食粥”。但是他并没有因此而放弃他的创作，更没有自甘堕落，他凭借他坚韧不拔的毅力，专心致志于《红楼梦》的写作和修订。最终幼子夭亡，这为本已经对生活丧失信心、陷入失望的他雪上加霜，他陷于极度的忧伤和悲痛之中，身染重病卧床不起，终于因贫病无医而悲惨死去。就连他全身心倾注的《红楼梦》一书也未能完成，实在令人惋惜。

曹家的衰败在曹雪芹身上烙下了巨大的伤痕，他承受了巨大的苦闷与悲哀。他的内心是孤独的，难以为人理解的。生活的巨大落差，身份地位的升沉，使曹雪芹的思想充满矛盾。有人曾说过：“历史的真实如‘明镜照物’，情感的真实即‘爱而知其丑、憎而知其恶’。”所以与其说《红楼梦》是一部小说，更不如说是曹雪芹的自传。正是因为“家庭的沧桑巨变”才使得“《红楼梦》中充满了对世事的了悟与人生如梦的慨叹”，更是“赋予了曹雪芹独特的审美眼光，一反传统的大团圆模式，以悲剧结构全书”。应该说当时的曹雪芹在创作时的内心必然是复杂而又充满矛盾的，他无奈于当时的社会，更无法改变他当时寥落的生活现状，他唯一能做的就是把他的感情寄托在他的书里，来获得孤独者心灵上的安慰，用语言来表达他的愤怒与憎恨，以及对新的生活的期盼。直到后来幼子的夭亡使他陷入了深深的绝望，红楼一梦也就此留下了些许的遗憾。

今人品读

曹雪芹和他的《红楼梦》都是近20多年来被专家学者所关注、所热心于研究的。他的一生，可谓是极其坎坷、困顿、不寻常的，他受人爱慕倾赏，却更多的是遭受世俗的误解诽谤、排挤不容。周汝昌说："他有老、庄的哲思，有屈原的《骚》愤，有司马迁的史才，有顾恺之的画艺和'痴绝'，有李义山、杜牧之的风流才调，还有李龟年、黄幡绰的音乐、剧曲的天才功力。他一身兼有贵贱、荣辱、兴衰、离合、悲欢的人生阅历，又具备满族与汉族、江南与江北各种文化特色的融会综合之奇辉异彩。所以说他是中华文化的一个代表形象。"曹雪芹正是从封建社会的发展趋势上规范了其由盛至衰的历史特征，也在其作品中呈现了那一时代理想的光辉——追求自由和个性解放，赋予人物强烈的抗争和磅礴的激情，但在现实社会恶势力的迫害下惨遭不幸和毁灭。

有多少有才之士根本难以得到施展自己才华的机会，但是只要怀有一颗遇事能够理智平静的心，就能够找到属于自己的位置，总有一个方面能使自己生存、闪耀出自己独特的光芒。以史为鉴，我们要看到古人为我们所留下的传承文化，更要去看透人生，活出自己独特的味道，成为一个有用之人。

名家点评

虽然屈原与曹雪芹"二人的生活时代、生活道路、生存环境、个性特点、创作形式及方法存在着一定的差异”，但在“身世变化、写作时的家庭生活状况”以及“写作方法和著书目的”方面，“屈原与曹雪芹有惊人的相似之处”。曹雪芹继承了屈原之“奇幻”，“吸收了屈赋以及后人发扬光大的比兴、象征艺术手法，且在《红楼梦》中将象征艺术推向了极致，甚至具有超前意义的近现代象征艺术特征”。

——王人恩

他有老、庄的哲思，有屈原的《骚》愤，有司马迁的史才，有顾恺之的画艺和“痴绝”，有李义山、杜牧之的风流才调，还有李龟年、黄幡绰的音乐、剧曲的天才功力。他一身兼有贵贱、荣辱、兴衰、离合、悲欢的人生阅历，又具备满族与汉族、江南与江北各种文化特色的融会综合之奇辉异彩。所以说他是中华文化的一个代表形象。

——周汝昌

洪秀全：历经万苦造天国，骄奢淫逸终陨落

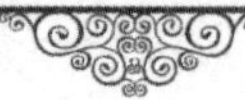

人物浅谈

洪秀全创立的“拜上帝会”动员了广大群众推翻清朝的腐朽统治，他所领导的太平天国运动，成为了几千年以来中国农民阶层反抗战争的一个最高峰。太平天国这一农民政权的建立，是与他的巨大贡献分不开的。然而历经千难万苦所取得的成绩，却在他毫无远虑、难把全局、变得政治腐化、骄奢淫逸、不思进取等不作为的举措中迅速凋敝。他失去了建国前的奋斗之心，而更多的是满足于自

己的享乐，不得不说他在人格上也有着严重的缺陷，他忘记了浴血奋战的将士，他的身心变得浮躁不安，安于现状，还大肆搜罗财宝美女，大兴土木带头享乐，最终断送了天国的生路。

历史的躁动

洪秀全是一个有思想的人，他创立的“拜上帝会”，为太平天国起义做好了思想舆论准备，更为金田起义奠定了基础。他所领导的农民斗争给中外反动势力以沉重的打击。他创立了太平天国，订立的天朝田亩制度，呼出了农民反封建的要求和解决土地问题的强烈愿望。洪秀全的一系列举措使得太平天国运动能够达到中国历代农民革命所能够达到的一个最高的思想境界。然而尝到了成功甜头的洪秀全却没能一如既往地坚持奋斗，反而被欲望所迷惑，他再也不是一心想着革命，忧国忧民，而变得骄奢淫逸、躁乱不安起来了。洪秀全的封建意识也随之与日俱增，强烈的等级观念和贪图享乐的思想表现得尤其突出。生性多疑的他开始任人唯亲，这种种的作为逐渐使他脱离了群众，也违背了他革命的初衷，最终导致了起义的失败。

屡试不第的洪秀全对考取功名丧失了兴趣。他以“人心太坏，政治腐败，天下将有大灾大难，唯信仰上帝入教者可以免难。入教之人，无论男女尊贵一律平等，男曰兄弟，女曰姊妹”的说法用拜上帝教为幌子开始策划反抗清朝的运动，写下了《原道醒世训》、《原道觉世训》、《百正歌》等作为理论基础，不久便发动了金田起义，创立了太平天国。或许是由于农民阶级的局限性，建国后的天国内部的矛盾开始日益激化，大功尚未告成，他们便开始肆意享乐，不思进取，不是忙于如何应战清廷的接连剿杀，而是在他们的占领区大肆搜求美女供自己享用。他们还大兴土木建造供自己享乐的宫殿和府第。据史料记载，在太平天国失败后，李鸿章、曾国藩等人也对洪秀全奢华的生活和华丽的府邸深深地感到吃惊。这都表现出了他们战略、战术及思想上的短视。直到后来领导集团内部互相残杀，造成了著名的天京事变。太平天国后期，国内已经呈现出“国中无人，朝中无将”的境况。但是洪秀全依旧沉迷于酒色，在后宫深居简出，毫不过问政事，这样一场声势浩大的农民起义就这样被压制下去了。

洪秀全能够领导生活在社会最底层的农民发起这样一场革命，却又将这样一场轰轰烈烈的农民起义推向深渊，这与他自身的人格缺陷有着一定的联系。他虽然是充满智慧的，也懂得如何能够调动起广大百姓的积极性，身为贫民出身的他也能够了解百姓的所欲所求，能呼出他们的心声。然而他却也是经不起诱惑的，当他取得了一定的成功获得半壁江山时，他的缺陷就暴露无遗了，躲在后宫深居简出，不理政务，不系战事，彻底地脱离了广大群众。这样一来失去民心，遭朝廷剿杀，太平天国根本无法立足。他用他的智慧给人民以希望之光，又用自己的贪图淫乐之心把那希望打碎。

今人品读

进入南京之后的洪秀全和当年的李自成也有着异曲同工的做法。他们都是骄奢淫逸，进而又是疏于政务，有着贪图享乐的思想和行为，浪费了洪秀全精心策划多年的心血，更是断送了太平天国将士们历经千辛万苦打下的江山。他的不作为更直接地导致了领导集团内部的污腐争斗之心，高级将领之间存在着明争暗斗、争风吃醋，另外一种相互攀比的心理更是加剧了领导集团内部的矛盾。这些举动造成的必然结果是追求享乐盛行，贪污、腐败、行贿、受贿成风，严重地败坏了社会风气，消磨了将士们的进取心和意志，丧失了军心、民心。这客观上给了晚清政府一个喘息反扑的机会，减轻了清王朝的压力，更使得太平天国像是一座空中楼阁，没有根基，摇摇欲坠。这些举动无疑为太平天国的覆灭打上了一针催化剂。

身为后人的我们应该以史为鉴，假如洪秀全当时没有任由自己的内心躁动，而加以按捺的话，那么就不会有抛弃大业、贪图享乐的思想，而是会乘胜追击把太平天国的根基堆砌得更加厚实，也就不会那么轻易地把那些为争取生存空间而斗争的人辛辛苦苦创造的局面毁于一旦。这是血的教训，是向自此以后所有的人们敲响的警钟。我们不能否认洪秀全对推进我国历史发展的积极作用，但是更不能忽视了他在守业和发展方面所暴露出的人格弊端。身为后人的我们更要吸取教训，一定要戒骄戒躁，做事有始有终，不要在取得一些小成绩时就沾沾自喜，秉着谦虚谨慎的态度，面对诱惑时能有自我控制的能力，这样的人才能把创立的事业继续保持发展下去，在人生路上少走弯路，能更早地接近成功。

名家点评

西方的真理就是资产阶级民主主义，洪秀全开始向西方只找到了一个“皇上帝”，与西方资产阶级的民主主义毫不相干。到后期，他越来越倾向于宗教迷信与封建特权，因而更不能转向资本主义。

——杜经国

洪秀全不是向西方寻找真理的代表人物，他“发动革命所采取的舆论说教是农民意识的反映”，洪秀全的“平等思想并不是随着西方基督教传入中国的，这种观念在中国古典经史上早有记述”，它“同西方的平等思想有本质的区别”，洪秀全在政权建制及政治观念方面也是与近代西方背道而驰的。

——王凡

洪秀全是近代史上向西方学习的先进人物，尽管“在洪秀全的思想领域中，既有新的资本主义的思想因素，又有浓厚的、传统的封建色彩”，但“他制定了《天朝田亩制度》这个崭新的农民革命纲领，提出解决土地问题的方案”，在历史的进程中作出了新的贡献，不承认这些，就无法解释他为什么赞成洪仁玕指出的旨在发展资本主义的《资政新篇》的事实。

——苏双碧

女人篇

——古来女儿命多舛，爱恨跌宕脂泪间

她们有沉鱼落雁之美，有闭月羞花之容。她们轰轰烈烈聚集了各种兴衰成败、浪漫悲情，风云际会因她们而搅动。但是生在男权社会中，她们是悲切的，面对国家的需要，有的人只能放下自己的情感，背井离乡，以自己的女儿身投入了残酷的政治斗争，为男人的政治利益作出了牺牲。封建社会又是残酷的，在男权社会的束缚下，她们无法左右自己的命运，封建的礼数压抑着她们的情怀，搅乱了她们的神经，促使有的人向名利高呼，向富贵张开臂膀。

西施：本是娇艳越溪女，可叹命运不由己

人物浅谈

众所周知，西施是中国古代四大美人之首，不仅有着沉鱼之貌，更是一个侠骨柔情的奇女子。西施出生在那个春秋诸侯争霸吴越相互攻伐的混乱年代，干戈纷扰的时代改变了这个柔弱红粉的命运，更影响了她立人处世的态度。她的出现使吴越风水倒转，溪泉倒流。春秋时代，诸侯侵伐，刀光剑影，政局动荡。国难当头之际，西施以一弱女子之身忍辱负重，以身许国，她以一个柔弱之身救助越国的故事千百年来都在历史上不断地流传着，也不知打动了多少人的心。西施那种忠肝义胆，但却又柔情热肠的品行，不知道给多少的文人墨客留下了可以吟唱的绝句。她的一生，不得不让人们感慨万千，也不得不让我们深深思索，掩卷悲叹！

历史的躁动

西施是一个绝世美人，当然她的美不是肤浅表面的，而是从她的内心发散出来的一种气质。她本是越国浣纱溪边的浣纱女，却作为一个亡国的女奴，心怀着国仇家恨，肩负着君王的委托，来到吴国，去完成一项本不该由一个女子负担的使命。如果说越王勾践卧薪尝胆谋复国能得到后人的称颂，那么更不应该忽略这样一个原本平凡的女子，甘愿成为统治阶级为了达到复国这一政治目的的工具，还背上了红颜祸水的骂名。不管人们对于西施的评价如何，但是她的所作所为无疑表现出了一个女子的爱国情操。在吴被勾践灭掉这件事情中，西施可谓功不可没。她何尝不想过着一个正常的女子过的生活，男耕女织尽享人间欢乐，但是她的内心为复国不做亡国奴的念想所搅动，放下了平静的生活走上了不平凡女人的路。

在2000多年前那个动乱的年代，当时越国勾践称臣于吴国夫差。勾践卧胆尝薪，用计把貌美聪颖的西施献给了吴王夫差，成为了夫差最宠爱的妃子。然而她却肩负着让吴王变得荒淫腐败、沉湎色欲与刺探吴国政治军事机密的政治使命。美色当前，吴王如醉如痴，沉湎女色，被迷惑得众叛亲离，无心于国事，最终达到了为勾践的东山再起这一掩护作用。西施为了国家的光复不惜牺牲了自己一生的幸福。作为一个平凡家庭出身的女子，她必定向往平淡安定的生活，然而当国家需要她的时候，她表现出了一个爱国女子的高尚思想情操，舍弃个人的幸福成就了复国的大业。最终吴国被勾践所灭，虽然后世对这样的奇女子各执一词，但是她依旧是名满天下、流芳百世的绝色美女。

她生得一副姣好的容貌，有着婀娜的体态，若是不卷入政治的旋涡，她一定生活得更加幸福。她内心必然是躁乱的，她不能选择自己的幸福，只能被献给吴王夫差。她要做的是要使自己的丈夫沉迷于女色而疏于朝政，还要打探情报给越国。她彻底地牺牲了自己的幸福，成为了勾践完成复国大业的一颗重要棋子。她心中承受了异于一般女子所需要承受的煎熬，既担心被夫差发现，又挣扎于自己内心的躁乱不安。或许当时的她心中就只有一种信念，那就是完成任务。天遂人愿，吴国最终完结于越国之手。人们在讴歌勾践卧胆尝薪的同时，更不应该忘记了有这样一位为了大业牺牲了自己一生幸福的奇女子。

今人品读

夫差善于用兵，纵横于天下，大败勾践。勾践善用心机，卧胆尝薪尽献宝器美人，浣纱女西施就在其列。她娇艳绝世，怀有侠肝义胆，抱着国仇家恨和匡越灭吴之誓愿郁郁入吴。她尽心侍奉夫差，使出了浑身解数，最终立稳脚跟博得了宠幸。加之其美冠于后宫，吴王对其可谓言听计从。她没有忘记越王给予她的使命，以其柔弱之身，献媚邀宠，谗间谍疏，潜传情报，随机应变，巧妙周旋，是她使得夫差赦免勾践君臣返越，使得两代老臣伍子胥遭冤被诛，又智送姑苏城防图，借粟返蒸，导致吴国国力空虚。相反越国得以喘息，课植农桑，秣马厉兵，国力强盛。最终起兵大功告成，一举灭吴。在这过程之中，西施功不可没。西施以她的绝世美貌使得多少英雄豪杰为之倾倒。她是一个聪慧睿智的奇女子，后世对其死因不得而知。有一种说法是她因深受吴王的厚爱感到无以回报，得知吴王死后誓不独生，投江了结。可以说她的一生都生活在纠结之中，对美好生活的憧憬和现实生活的残酷，娇宠自己的吴王与其自身背负的责任。在纠结中她选择了忠，也追求了义，可以说西施是完美的，是值得我们后人所尊重的。

历史是一面镜子，同样可以在这面镜子中找到相类似的人。他们的所作所为并不是对自己多么有利的，但是他们总是可以舍弃小我来成就大我，心里所思所想都是集体的利益。我们应该把这种舍己为人的精神发扬光大，会使我们的社会更加和谐，更能享受精神文明带给大家的高品质生活。

名家点评

艳色天下重，西施宁久微？朝为越溪女，暮作吴宫妃。贱日岂殊众，贵来方悟稀。邀人傅脂粉，不自著罗衣。君宠益娇态，君怜无是非。当时浣纱伴，莫得同车归。持谢邻家子，效颦安可希？

——唐·王维《西施咏》

家国兴亡自有时，吴人何苦怨西施。西施若解倾吴国，越国亡来又是谁？

——唐·罗隐《西施》

吕雉：颠沛流离失宠幸，意冷心狠执政难

人物浅谈

吕雉作为一个历史上不平凡的女人，史学界一直都是对其褒贬不一。她结发于刘邦，跟随刘邦同甘共苦数十载。她足智多谋，有着政治家的风度，她帮助刘邦翦除了许多异姓王。刘邦死后吕雉执掌朝政，在她所统治的时期，不论是在政治方面、法制的建设方面，还是经济以及文化的发展方面，都为此后的“文景之治”奠定了很坚实的基础。然而吕雉性格残忍，或许也来源于刘邦对其的薄情寡

义，使这个心中早已满满充斥着嫉妒和憎恶的躁乱女人近乎疯狂。权力欲望的极端膨胀，加之生性多疑的性格，使得她更加心地褊狭，嫉妒尖刻，心狠手辣。她的狠毒真可谓是丧失了人性，阴险狠毒得令人发指。

历史的躁动

吕雉是中国古代史上存有记载的第一位皇后和皇太后，同时也是封建王朝第一个临朝称制的女人，她掌握了汉朝政权长达16年。早年的吕雉与刘邦可谓是贫贱夫妻，她追随着刘邦进过牢狱，做过人质，为刘邦吃尽了苦头。当她回到刘邦身边时，却发现刘邦身边早有新宠，不禁一阵寒心，情感上的失意使她越来越在意政治上的权力。待到刘邦归天，吕雉开始独揽大权，她再也按捺不住自己内心的仇恨。这个贵为皇太后的女人，毫不顾忌身份，明目张胆地肆意报复那些曾经忤逆她意愿的人。此时的她早已完全丧失了人性，变得狰狞可怖，她杀死戚夫人之子如意，又残忍地将戚夫人做成“人彘”。

刘邦尚未成事之时的吕雉也是个贤惠的妻子，后来刘邦率众起义，吕雉受到连累被关进大牢，受尽了折磨，性格也变得果敢坚毅。出狱后的吕雉跟随刘邦转战军中，过着颠沛流离的生活，但也经历了战争风云，更增长了其文韬武略。楚汉之争，刘邦败北，吕雉被俘。项羽曾经把吕雉押到阵前，以烹杀威胁刘邦，刘邦却不以为然地表现出你爱杀就杀，悉听尊便的态度。被自己所爱的人这样对待，吕雉当时真的是心如寒冰，一片冰冷，甚至绝望。项羽将吕雉扣押了两年，在这两年之间她受尽了磨难与凌辱，有很多次她都是险些丢掉了自己的性命，挣扎在生死的边缘，但是为了刘邦的大业，她还是忍了下去，活了下来。当然这两年期间的屈辱历程，让她的精神以及心灵方面都受到了极大的创伤，并且她以后那种多疑、爱猜忌、没有安全感的性格也就是来源于这次囚禁。至此她变成心地狭隘、紧张恐怖、阴狠毒辣的可怕女人，更养成了凡事先下手为强的性情。在刘邦死后，吕雉的这种性格的缺陷便显露无遗，她变得越来越凶残。其中最残忍的是将刘邦的宠妃戚夫人砍掉四肢，将其的双眼活活地挖出，并且逼迫她吃下毒药，让她失去说话的能力，并且连耳朵也设法灌聋了。见到这样的情景，很多人都是触目惊心，而吕雉却不以为然，戏称此时的戚夫人为“人彘”。其凶狠在此就可见一斑了。

吕雉的一生也可谓是坎坷而不易的，身为一个开国君主的女人，她经历了磨难与纠结。当她忍辱负重地作为人质回到刘邦身边时，刘邦早已经有了新宠。她的内心是凄凉的、无助的，内心必然会像打碎了五味瓶一样躁乱不安的。当刘邦要废了太子时，她的内心更加恐惧，最终走向冰冷。最终她的儿子也是因为她的凶狠而无心于朝政，郁郁而终。直到吕雉死前，想必她的内心都是孤独的。就算她在政治上是有所作为的，但是她的凶残实在难以令人接受。也许所有的独裁者都有一个共同的特性，就是心怀疑忌，妒功害能，刚愎自用，独行其是。虽说吕雉算不得皇帝，但是她专政长达16年之久，这种特性更是在她身上显露无遗，爱则加诸膝，恶则坠诸渊。她处心积虑地罗织罪名，排斥异己。对于不满她意之人，必置之死地而后快。也许这些就是发泄她心中躁乱愤懑的一种方式吧。

今人品读

吕雉所实施的利民政策，虽然给了人民一个修养生息的机会，但是显然残忍狠毒的吕雉却走不出自己内心的阴霾，平复不了她内心的仇恨和躁乱。她身上有着暴虐独裁者所共有的心理：宁我负人，毋人负我。吕雉虽并非天子，不是“金口玉言”，但她却有天子作为靠山，可以“挟天子以令诸侯”。她的倒行逆施，不仅仅殃及了一代骨鲠狷介之臣，殃及了天下的黎民百姓，也殃及了自身和她的子女。因为她，吕氏家族变得格外显赫，又是因她而转为衰败，受到诛杀，继而遗臭万年。俗话说，多行不义必自毙，虽然之前风光无限，但是吕雉最终也走向了自我毁灭。当然她在当时不可能知道自己的所作所为都是为自己以后遗臭万年的人生埋下的祸根，她用自己的卑鄙以及残忍的手段编织出了一段让人惨不忍睹的历史，也用丑陋的灵魂给自己的人生编制了一个在历史上都无法出逃的囚笼。

为了一己私欲，而去践踏他人生命，剥夺他人生存的权利，生性多疑，善于猜忌，从而加害于人，报复心强，小人心理毫无情面地置他人于死地，像这样的人不仅在古代，不仅在幽怨的深宫，在现代社会这同样是一些人的缩影。一旦别人没有按照他们心中所思所想去为人行事，便在他们心中种下了憎恶的种子，然后就伺机报复，以解他们心头之恨。在他们心里，总是以自己为中心、以自己的利益为半径行事，弃他人于不顾。他们内心的躁乱是需要被平息的，因为一个人只有端正心态才能做成大事，拘小节的人永远难以成大器；只有拥有一个平和的心态，利人利己才能成就他人难以成就之事，并为后世所赞扬。

名家点评

孝惠皇帝、高后之时，黎民得离战乱之苦，君臣俱欲休息乎无为，故惠帝垂拱，高后女主称制。政不出房户，天下晏然。刑罚罕用，罪人是希。民务稼穑，衣食滋殖。

——汉·司马迁《史记·吕太后本纪》

吕后为人刚毅，佐高祖定天下，所诛大臣多吕后力。

——汉·司马迁《史记·吕太后本纪》

王昭君：明妃西嫁无来日，死留青冢使人嗟

人物浅谈

王昭君是一位众所周知的奇艳女子，她魅力无双，古人形容其为“玉腮香凝，巧笑若兮，美目盼兮”。从长安古道，到大漠草原，她的美艳如阳光般洒到了各个角落，以至于她的美貌、歌声以及琵琶，让高飞的大雁都沉迷地忘记了飞行而坠落地面。然而，“汉月还从东海出，明妃西嫁无来日。燕支常寒雪作花，蛾眉憔悴没胡沙。生乏黄金枉图画，死留青冢使人嗟”。这是王昭君一生无奈的写照，是上天造就了她的花容月貌，却同样地安排了她不寻常的坎坷命运。她背井离乡，远赴大漠。身为一名柔弱女子，却要肩负起维护祖国边疆稳定的政治责任，一去便没有了归途，撇下亲人，带走的却是深深的眷恋和思念。

历史的躁动

王昭君是中国古代四大美女之一，素有落雁之美称。然而外在美是暂时的，只有内在美才是恒久的。王昭君不仅仅是因为她华丽的外表才让世人铭记的，昭君出塞才是她为世人传颂的根本原因。她以一个柔弱的女子之身肩负起“和亲”这个政治使命。她远离了她深爱的家乡，告别了她的亲人，出嫁到荒漠遥远的匈奴，她的内心必然怀着忐忑与不安。经过了激烈的思想斗争后，她毅然决然地肩负起这个责任。她在塞外经历了风雨40年，这其中有多少泪水和辛酸，恐怕只有昭君一人心里明白。

汉元帝征集美女补充后宫，王昭君凭借其如空谷幽兰般的容貌得以入选。然而当时皇帝以画像选妃，画工毛延寿作祟，由于王昭君家境寒酸也自恃美冠群芳，无力贿赂更不屑于欺瞒天子，气急败坏的毛延寿把昭君画得十分平庸，且在面颊上点了一颗硕大的黑痣。果不其然，汉元帝并未选中她，进宫5年昭君仍旧是个待诏的宫女身份。然而匈奴和亲的要求却改变了王昭君的命运，别人听说去遥远的塞外都退避三舍，只有昭君自告奋勇。当皇帝看到了她的美貌才发现自己以肖像识人的错误，但是为时晚矣，昭君含泪离开了。塞外的生活虽然算得上幸福，然而胡笳悲鸣，骏马奔驰，饮腥食膻，异邦风月，这种种的一切总是使王昭君对祖国故土充满思念。所谓：汉使回朝频寄语，黄金何日赎蛾眉？君王若问妾颜色，莫道不如宫里时。3年过后，呼韩邪去世，然而王昭君并不能回到故土。依照匈奴的习俗，她应该嫁给即位的大阏氏的长子为妻，这也使一个原本应该守节的女子忍受了极大的委屈，然而为了换取和平，昭君却甘愿忍受，但她的内心却不知要受多少煎熬，昭君的一生可谓是为了汉朝的安定作出了巨大的贡献。

身为四大美女之一的王昭君却没有其他美貌女子的幸运，她没有陪伴在君王的身边享受着荣华富贵，而是肩负起了一个别人不愿意承担的政治使命。可以说她的婚姻是一桩政治婚姻，她肩负着的是广大边塞民众的幸福安定。王昭君的一生都是在塞外那个陌生的环境中生活的，她为了自己的使命，费尽了一生的心血。昭君出塞，为边塞换回了50年的和平。看到汉匈两族团结和睦，边境人民免于战乱，国泰民安，“边城晏闭，牛马布野，三世无犬吠之警，黎庶忘干戈之役”，过着安居乐业的生活，展现出了欣欣向荣的和平景象，她背井离乡的痛楚也得以缓解。远赴大漠的她，也只有在月夜朝着长安的方向，去思念故乡、思念亲人，拨弄着悲切的琵琶，寄托思乡之情。

今人品读

历史铭记的并不是王昭君姣好的容貌，而是昭君出塞为中国历史的和平所作出的巨大贡献。王昭君不仅具有令人倾慕的外在美，更有着令人动容的内在美。昭君兼备了美丽与善良、纯洁与才华，是内在美与外在美的结合体，所以才能谱写出昭君出塞这首令人铭记的赞歌。她可以放下自己内心的躁乱与不安投身于维护边塞和平的事业中，她的历史功绩，其实不仅仅是表面上她主动出塞和亲的这一举动，而更是在她出塞之后的贡献。王昭君在出塞以后，致力于汉朝与匈奴的良好关系，不断地让汉族与匈奴民族之间友好往来，加强了两个民族之间的团结，并且使这两个民族之间的烽烟熄灭了

50年。王昭君这样的作为是符合匈奴与汉朝人民的利益的，她没有忘记自己当初出嫁匈奴时的使命，也没有忘记自己所许下的承诺，一直身体力行履行着她对这两个民族和睦相处的历史使命。王昭君是值得得到历史的好评的，并且元代诗人赵介也这样地评价王昭君的功劳，说她的贡献不亚于大将军霍去病。昭君出塞的故事，是我国历史上的一个美谈，也是我国民族团结的永远不会衰落的一段佳话。

透过王昭君的一生，我们便发现了她生命中到处闪耀着美丽的光芒。她的一生是极其不易的，生得花容月貌却过着异于寻常女人的生活，但是她的坚强与勇敢、美貌与智慧是令我们后人所铭记的。从她身上，我们可以得知外在美仅是一张通行证，它可以让你轻易得到某些东西，比如最初的好感，比如容易被人接纳和喜欢。但在漫长的交往中，人们真真切切碰触到的，还是内在的东西。内在美可以改善外表的缺憾，但外表的美丽，永远改变不了内在的丑陋。身处现代社会的我们更应该去修炼那些内在的真实的东西，踏踏实实多为集体和他人着想，这样才能被这个现实的社会所认可。

名家点评

拭啼辞戚里，回顾望昭阳。镜失菱花影，钗除却月梁。围腰无一尺，垂泪有千行。绿衫承马汗，红袖拂秋霜。别曲真多恨，哀弦须更张。

——南北朝·庾信《王昭君》

敛眉光禄塞，还望夫人城。片片红颜落，双双泪眼生。冰河牵马渡，雪路抱鞍行。胡风入骨冷，夜月照心明。方调琴上曲，变入胡笳声。

——南北朝·庾信《昭君辞应诏》

汉家秦地月，流影照明妃。一上玉关道，天涯去不归。汉月还从东海出，明妃西嫁无来日。燕支常寒雪作花，蛾眉憔悴没胡沙。生乏黄金枉图画，死留青冢使人嗟。

——唐·李白《王昭君》

赵飞燕：赵家飞燕侍昭阳，美人心计自毁亡

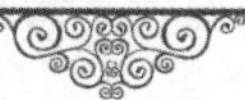

人物浅谈

赵飞燕在中国历史上是一个传奇，也是一个神话，当然她更是一个难得一见的美女。所谓的“环肥燕瘦”讲的便是杨玉环和赵飞燕。可以和古代四大美女之一相提并论，可见赵飞燕的貌美绝非一般。燕瘦也通常用以比喻体态轻盈、瘦弱的美女。赵飞燕善于歌舞。“水色箫前流玉霜，赵家飞燕侍昭阳。掌中舞罢箫声绝，三十六宫秋夜长。”从这句诗词中我们就可以窥见飞燕舞技的精湛，同时也写出了她因为自己的美貌而成了一个媚惑君王的人物。后来欲望和贪婪使她丧失了平静的心绪，使得这个本来有才有貌的女子变得工于心计，甚至心狠手辣、不择手段地维护自己的利益，因怕失宠甚至残忍地杀害皇帝子嗣。当时有这样一句民谣：“燕燕尾涎涎，张公子，时相见。木门仓琅琅，燕飞来，啄皇孙，皇孙死，燕啄矢。”

历史的躁动

史上记载的赵飞燕有着冷艳妖冶的迷人面孔，有着妖娆充满诱惑力的魔鬼身姿，更有着让人拍案叫绝的精妙舞技。她是汉成帝的第二任皇后，据说她受成帝专宠近10年，进而贵倾后宫。得宠后的赵飞燕并没有安于现状，她向往着得到皇帝更多的宠爱和在后宫中更高的地位。因为贪念使然，在那个男权社会中她只能靠着自己的姿色和心计来博得皇帝的恩宠。她的内心是恐惧和不安的，唯恐有一天集万宠于一身的自己会失去一切美好。这种心境搅乱了她正常的思维，她变得更加狠毒，用尽心思想把皇帝牢牢地捆在自己的身边。她依倚着皇帝的宠爱把后宫之中妨碍她、对她有威胁的宫人一一解决，甚至因自己无法怀上龙种就把其他的皇子也残忍地杀害，赵飞燕引得成帝弃江山社稷于不顾实属一大罪过。

赵飞燕出生于穷困潦倒的汉代宫府家奴的家庭中，由于家境贫寒，很小就被卖到阳阿公主家做了歌舞伎。但幸运的是，赵飞燕从小就凸显出了自己聪明过人的天资，所以在天赋异禀与辛勤的苦练之下，她不仅练就了一身高超的舞技，还拥有了一副迷人的歌喉。话说有一次成帝出游，来到了阳阿公主家，于是公主就招来舞姬为成帝献舞，赵飞燕就是这些舞姬中的一个。汉成帝被赵飞燕勾人魂魄的眼神、清丽动人的歌喉和那婀娜曼妙的舞姿所倾倒，便被汉成帝带回宫中。赵飞燕善用心机，利用她舞蹈的天赋令成帝痴迷，后又唯恐失宠竟唤来妹妹共侍一夫。由此赵氏姐妹专宠，不久皇后被废，赵飞燕如愿戴上了凤冠坐上了皇后的宝座，在后宫呼风唤雨，残害宫人。当时的成帝也是被迷得七荤八素找不到方向，放纵着赵氏姐妹作威作福。当赵氏姐妹发现自己无法怀上成帝的子嗣时，她们内心又开始慌张了。古代的宫中都是母以子贵，她们唯恐那些有皇子的宫人将来对她们不利，居然缠着成帝去赐死自己的皇子。迷失心智的成帝未曾考虑到自己年已不惑，膝下犹虚，只是一味讨好赵氏姐妹，居然两次杀子，置江山社稷于不顾，成为令人唾弃的"爱美人不爱江山"的昏君。成帝纵欲过度而亡，赵飞燕在后宫的猖獗更是引起了朝野大臣的不满，成帝死后，赵飞燕被迫自尽身亡，从未干政的赵飞燕就这样香消玉殒了。

赵飞燕悲惨的结局是在情理之中的，随着她的生活越来越有色彩，地位越来越尊贵，她的渴求也随之水涨船高，从前的知足消失了，取而代之的是无尽的欲望。她为了一已私欲，残害了多少无辜的被宠幸的宫人。她为了稳固自己在后宫的地位，迷惑圣上杀害皇子，置江山社稷于不顾。为了抚平自己心中的躁乱，达到一生尽享荣华的目的，她又剥夺了多少人生的权利。她像魔鬼般不断地索取她欲望中所要达到的目的，欲望吞噬了她纯洁的灵魂，使一个才貌俱佳的女人慢慢走向深渊，最终难逃一死。

今人品读

能与四大美女并举的赵飞燕必定生得花容月貌，她那轻盈的身材和出众的舞技，更是能够使得她在后宫嫔妃中鹤立鸡群。有人说："赵飞燕的绝妙舞技，前无古人后无来者。"由此看来，赵飞燕得到成帝的宠爱是轻而易举的，更加上赵飞燕的聪明机智，她能够在后宫站稳脚跟是绰绰有余的。假如飞燕不被欲望蒙蔽了心智，按捺住自己躁动的心境，收起她张开的贪婪的臂膀，而仅凭着自己的才情，虽然或许得不到成帝的专宠，得不到皇后高高在上的位置，起码也可以保全自己后半生的性命，更不致在历史上留下一个淫惑皇帝的骂名。赵飞燕是聪明的，更是愚钝的，她的心机都用在了如何取悦皇帝和维护自己的地位上。她也的确做到了，皇帝的专宠和皇后的凤冠使她的内心得到了极大的满足，但是她也失去了一个人最原始的良知，失去了世人对她的尊重，她的才貌也必然被她身后的骂名所掩埋。她可以狐媚成帝为其杀子，却依旧无法左右自己的生死。成帝死后，赵飞燕便开始失去了保护的屏障，最终也难逃罪责，自尽身亡。

欲望是一个无底深渊，被欲望套牢的人是很难重新走出去的。赵飞燕并不是一个人，而是一类人的象征，他们或者有着令人羡慕的姣好容貌，或者有着异于常人的才情，也有可能有着常人无法攀附的地位，但是当人的内心被欲望所控制时，这些优势便转化成了他们走上绝境的催化剂。由此我们可以得到一个警示，当我们拥有的足以使自己平淡安定地生活时，还是应该知足常乐。摒弃了那些躁乱与欲望，无欲则刚，保持一个平和的心态，将有益于人生道路的美好与长远。

名家点评

水色帘前流玉霜，赵家飞燕侍昭阳。掌中舞罢箫声绝，三十六宫秋夜长。

——唐·徐凝《汉宫曲》

长安白日照春空，绿杨结烟垂袅风。披香殿前花始红，流芳发色绣户中。绣户中，相经过。飞燕皇后轻身舞，紫宫夫人绝世歌。

圣君三万六千日，岁岁年年奈乐何。

——唐·李白《阳春歌》

卓文君：虽知夫君有去意，赋诗传情爱还家

人物浅谈

提起卓文君，我们当然会想到她与司马相如之间那段缠绵悱恻的爱情故事，这段爱情故事现在还在被人们津津乐道。卓文君是一位有名的才女，她有不少的佳作流传后世。出生于封建社会的她敢于大胆地追求自己的爱情，做出有悖于封建礼教的离经叛道的行为。卓文君是有思想的，更是有勇气的。她是一个德才兼备的女子，当她得知司马相如移情别恋的时候，她的内心必然经受了排山倒海般的痛楚。但是面对自己丈夫的移情别恋，她并没有像常人一样大吵大闹，也没有逆来顺受，她选择了一个优雅的方式，那就是用诗句来警戒自己的丈夫，来挽回自己与丈夫的爱情。一首《怨郎诗》，卓文君用自己的灵魂写出了自己爱恨交织的情感，当然也挽回了自己丈夫的心，也使司马相如为她的才情所震撼和感动，遥想昔日夫妻恩爱情分，使之羞愧万分，从此再未提遗妻纳妾之事，也由此造就了这个世俗之上的爱情佳话。

历史的躁动

提起卓文君，就无法回避她对爱情执着追求的勇气。她是一个有思想、有勇气且敢爱敢恨的才女。她的一生，虽然并不是一帆风顺的，但是却是值得的。因为她有着可遇而不可求的一见钟情，她摆脱了封建礼教的羁绊最终与相爱的人携手终老。一个女人有这样的一生，还有什么好遗憾的呢？卓文君是一个聪慧的女子，她不仅有着美丽的外表，更有着美好的心灵，她精通诗文，尤其善于弹琴。司马相如的一曲《凤求凰》使这个充满才情的女子一听倾心，一见钟情，由此便有了充满浪漫色彩的夜奔。但是令卓文君躁乱痛心的是司马相如后来对其有了二心，尽管她心里很难过，但是她用她的智慧唤回了他们的爱情，最终跟司马相如造就了传诵千古的爱情佳话。

卓文君是一个貌美且有才情的女子，她出生于一个富足的家庭，是西汉临邛大富商卓王孙之女，令人叹息的是，17 岁年纪轻轻的她便在娘家守寡。丧夫后的卓文君并没有遭到别人的冷落，反而是有很多的社会名流依旧仰慕她，想要她嫁给自己，但是卓文君却偏偏看中了当时的穷书生司马相如。“凤兮凤兮归故乡，游遨四海求其凰。有艳淑女在闺房，室迩人遐毒我肠。何缘交颈为鸳鸯，胡颉颃兮共翱翔。”这样一首《凤求凰》使得卓文君甘愿与其私奔，由此可见卓文君是一个不爱慕虚荣的女子。她敢于大胆追求自己的爱情，与司马相如一起过着清贫的日子。司马相如那令人折服的文采以及卓文君的美艳之资，当垆卖酒，白头兴怨，长门灵赋，封禅遗书，传为千古佳话。当司马相如在事业上略显锋芒，官场得意而久居京城，赏尽风尘美女，竟然产生了弃妻纳妾之意。卓文君内心是慌乱和痛楚的，她心中必然怨恨着男人的薄情寡义，独守空房的她必然日夜以泪洗面。尤其在收到了司马相如的 13 字诗：“一二三四五六七八九十百千万。”聪明的卓文君看破了司马相如在暗示自己已没有以往的回忆了，她心如刀割。但是面对这样的背叛与打击，卓文君并没有被打倒，她怀着对自己爱情的憧憬，凭着自己非凡的勇气以及对幸福的不轻言放手的坚持，运用自己的智慧以及文采，终于写下了那首挽救自己爱情的诗词《怨郎诗》：“一别之后，二地相悬，只说是三四月，又谁知五六年。七弦琴无心弹，八行书无可传，九曲连环从中折断，十里长亭望眼欲穿。百思想，千系念，万般无奈把君怨。万语千言说不完，百无聊赖十倚栏。重九登高看孤雁，八月中秋月圆人不圆。七月半秉烛烧香问苍天。六月伏天人人摇扇我心寒。五月石榴似火红，偏遭阵阵冷雨浇花端。四月枇杷未黄，我欲对镜心意乱。急匆匆，三月桃花随水转。飘零零，二月风筝线儿断。噫，郎呀郎，恨不得下一世，你为女来我做男。”

司马相如在看完自己妻子写的诗句之后，不仅感叹于自己妻子的才华横溢，更是唤起了他的回忆，让他重温了自己与卓文君的那段恩爱的日子，他突然感觉到了没来由的羞愧与后悔，内心产生了深深的后悔之意，所以从此以后再也没有提纳妾之事。细细品味《怨郎诗》，我们就会被卓文君的才情所折服，也为她诗里倾注的浓烈的感情所震撼，她的爱恨交织，她面对丈夫背叛的慌乱，以及自己最后想要守护爱情的执着，就像是一句锁心的魔咒，让人不得不去沉思。她用自己的心，用自己的智慧，用自己的灵魂，用自己的一切经营着这段爱情。最后终于皇天不负有心人，让她守住了自己的爱情，让她与司马相如之间没有因为背弃而分开。

今人品读

卓文君是一个坚强的女子，也是一个有着独特个性的女子，她一直都知道自己想要的是什么，她也一直在用行动以及智慧维护着她自己想要守护的东西。一首哀怨的《白头吟》再配上一首凄切的《诀别书》，为她的人生更是增添了几分魅力。卓文君是一个大胆的女子，也是一个别致的女子。在那个封建时代，她可以为了自己的爱情破除封建礼教的束缚，可以把自己对爱情的渴望以自己的实际行动展现出来。她不贪慕虚荣，也不畏惧那些艰苦的日子。她的心中有爱情，心中有希望，她对自己认定的事情很执着，她也不允许自己的爱情有瑕疵。当时的社会，一个男子纳妾是很正常的事情，但是她却不能容忍司马相如对自己的背叛，她也不能容忍与别的女子共享夫君。为了表达自己的观念，她写了《白头吟》，用来表示爱情的高洁以及不容玷污，在她的爱情世界里容不下一粒沙子，所以在知道了自己的丈夫有二心的时候不惜决裂。同时，她也写下了《诀别书》来透露自己爱恨交织的感情，也就是她这种刚柔并济的感情，以及自己智慧的运用才挽回了自己丈夫的心，才让司马相如迷途知返，让他们的爱情度过了危险期。卓文君虽然生在封建的古代，但是她有勇气突破封建礼教的束缚，跟随自己的心，去做自己想做的事情。她敢于反抗父命，敢于为自己的爱情牺牲，也敢于为自己的爱情努力。她是一位奇女子，也是一位才女，更是一位充满着智慧的女子，她用自己的一生抒写着封建时期的那些传奇。

卓文君能够唤回司马相如的心，就在于她成功地运用了自己的智慧。当得知丈夫对别人产生倾慕的感情的时候，任凭谁的心里都不会是平静的。卓文君这个对感情执着的女子必然比一般女子的心中更加躁乱和痛苦，但是她并没有哭闹、辱骂或者采取其他偏激的手段处理这复杂的情感，她按捺住了自己慌乱的心，用自己的才华和智慧，用她独特的才情感化了司马相如，使之回到自己身边。透过卓文君，也可以看到有这样的一种人，他们执着于自己的选择，然而事情却并不会一直按照自己所期望的去发展，其间总会出现一些小插曲，愚钝的人会怀着那颗躁乱的心把事情引入绝境，而聪慧的人会用自己平静的手法把事情向好的方面扭转。可见处理事情的心境是很重要的。

名家点评

相如与俱之临邛，尽卖其车骑，买一酒舍酤酒，而令文君当垆。相如身自著犊鼻裈，与保庸杂作，涤器于市中。卓王孙闻而耻之，为杜门不出。昆弟诸公更谓王孙曰：有一男两女，所不足者非财也。今文君已失身于司马长卿，长卿故倦游，虽贫，其人材足依也，且又令客，独奈何相辱如此！”卓王孙不得已，分予文君僮百人，钱百万，及其嫁时衣被财物。文君乃与相如归成都，买田宅，为富人。

——《史记·司马相如列传》

貂蝉：掩笑英雄花下死，娇女了无情归宿

人物浅谈

有着闭月之容貌的貂蝉亦是中国古代的四大美女之一。她让多少英雄豪杰为之而神魂颠倒，她的容貌像一把利器使人折服。然而她却又是可悲的，她只不过是连环美人计中的一枚棋子，任人

摆布。貂蝉的内心是悲切的，亦是躁乱的，她无法像正常的女人那样享受情爱与安定的生活，她只能无情无爱地周旋于男人之间。在一场腥风血雨的男人之间的争霸战争中，她以一个柔弱的女子身份肩负起了本不应该由她承担的责任，成功地向世人展示出了一个绝色女子的非凡胆识与高度智慧。无疑她为汉末军阀战乱时代的结束起了推动作用，她舍身为国的精神是值得我们赞赏的。

历史的躁动

貂蝉是一个有着倾国倾城之貌的奇女子，她不仅貌美，而且有着超越常人的智慧，她以自己的容貌和心机游刃有余地周旋于两个血气方刚的男人之间。听说貂蝉在出生以后，当地的桃杏花好像是自愧不如一样在开了后就迅速地凋谢，历来以美貌著称的月中嫦娥也是一直隐匿于云中，不肯出来与世人相见。“貂蝉身姿俏美，细耳碧环，行时风摆杨柳，静时文雅有余，貂蝉之美，蔚为大观”。这种的美貌，有时候不仅仅是一种让人赏心悦目的美，有时候更是杀人的利器。也就是这种美让董卓与吕布反目成仇，使得动乱不堪的朝野稍有一些安宁之象。貂蝉甘愿作为连环美人计中的工具而舍身为国，挽救天下黎民于水火，这种勇气可歌可叹。

关于貂蝉的身世有太多的版本，也正是如此为这个世间的奇女子更增添了一些神秘的色彩。据说貂蝉是东汉末年司徒王允之义女，生得国色天香，有倾国倾城之貌，却怀有一颗忧国忧民之心。当时军阀战乱，貂蝉看到东汉王朝被奸臣董卓所操纵把持，心中不免伤感，于月下焚香祷告上天，希望能为主人分忧。当时的王允看到东汉王朝岌岌可危，奸臣董卓也要篡权夺位，就想出了连环计来挽救这个局面。他先把貂蝉默默许配给吕布，但是又将貂蝉明目张胆地送给董卓。吕布少年英雄，血气方刚，一表人才。董卓为了拉拢吕布将其收为义子。自此之后，貂蝉便开始周旋于此二人之间，送吕布以秋波，报董卓以妩媚。最终貂蝉成功地离间了董卓与吕布，吕布将董卓杀死，由此结束了董卓专权的黑暗时期，为东汉王朝争取来些许的安宁，但是貂蝉却像一个谜一样消失了，不得不让后人揣摩。

在那个男人争霸的年代和世界中，貂蝉如明星般登场，可以说她的出现使整个历史有了新的转机。她生得了连嫦娥都自叹不如的容貌，注定了她要拥有一个异于常人的一生。她算得上一个悲剧人物，虽貌美如天仙，又深明大义，却是生不逢时。为了成就司徒王允的连环美人计，她先后被残暴且丑陋好色之徒董卓和虽玉树临风但却是一个反复无常的小人的吕布所霸占。她的一生都没有为自己而呼吸，只是一味地奉献，生得貌如天仙、步履闲雅、婀娜多姿，虽有“闭月羞花”之貌，但却没有一生挚爱之人，她的内心必然悲切。或许在她自己眼中倒不如一位乡野村姑，可以支配自己的人生，却奈何她身上有着异于常人的使命，注定使她成为时代的牺牲品。她用自己的美貌与胆识诠释了她的生命中所有的色彩，在那个男人争霸的时代中留下了她的痕迹，为后世人所铭记。

今人品读

古今中外，但凡与绝色的美貌佳人有所瓜葛纠缠在一起的人，其结果都往往弄得身败名裂。但是尽管如此，男人仍对有磁石般诱惑的美人趋之若鹜，就犹如饮鸩止渴一般，而貂蝉的一生就是证明这一现象的典型事例。自古就有红颜祸水这样的说法，但是美人貂蝉为祸却是为了挽大汉王朝于绝境。其实貂蝉也是一个可怜的女子，她明明知道自己只不过是王允手中的一枚棋子，但是还是甘愿受他人的摆布，选择了如此的人生。在《三国演义》中出场的少数几位女子中，她是最为光彩夺目的女性。可以这样说，若没有貂蝉的出现，就没有王司徒巧施连环计的佳话，也没有吕奉先大闹凤仪亭的风波，没有凶横无忌、权倾一时的董卓宫门前的被戮，更没有儿女情长、武功盖世的吕布在白门楼上的陨命。所以貂蝉存在的意义，便在于在清一色男人争霸的世界中，成功地展现出了一个绝色女子的胆识与智慧。当然也是貂蝉这种甘愿牺牲以及聪明的才智，才将汉末的军阀混战时代推向了一个终止的边缘，从而促成了一代雄才曹操、刘备、孙权等人的崛起，进而使已经风雨飘摇的汉室江山得以延续。

沿着历史的车辙回到现代，类似于貂蝉秉性的大有人在。他们可以为了自己所崇尚的事业牺牲一切，包括性命。他们或许并不像貂蝉一样为世人所熟识，也或许他们所执着的并不是救国救民于水火的大事，但是他们就是有一份信念，任再大的诱惑也无法使他们动容。他们总是能够按捺住自己躁乱的心绪，有着高于常人的思想觉悟，拥有着大无畏的无私奉献精神，以奉献自己为最大的快乐，在属于自己的天空绽放自己的光芒。

名家点评

司徒王允累谋无成，乃遣一无拳无勇之貂蝉，以声色为戈矛，反能致元凶之死命，粉红英雄真可畏哉。庸讵知为一身计，则道在守贞，为一国计，则道在通变，普天下之忠臣义士，猛将勇夫不能除一董卓，而貂蝉独能除之，此岂尚得以迂拘之见，蔑视彼姝乎，貂蝉，貂蝉，吾爱之重之！

——蔡东藩

武则天：一女二夫自为帝，此生功过由后人

人物浅谈

武则天是中国历史上唯一一个正统的女皇帝，她即位时年龄已高达67岁。她是太宗皇帝的才人，也是高宗时所封的皇后，由于她工于心计，最终武周取李唐而代之，武则天是一位有思想、有作为的女政治家。或许高高在上的皇位对她有足够大的吸引力，对皇位的渴求使她丧失了自我，躁乱的心境使她变得六亲不认，不惜杀害自己的亲生子女。她步步为营，所有阻挡她荣登宝座的人都被贬抑或是置之于死地。她虽然有治国理天下的才能，但是她身为后宫女子却心狠手辣，不择手段地参与政事，先是争夺皇后的桂冠，后又觊觎皇帝的宝座，她的贪婪之心要胜于常人千百倍。自古以来众人对这样一位女皇都是褒贬不一，她也只留下一座无字碑任后人去评说。

历史的躁动

在武则天统治的时期，形成了强有力的中央集权，她的治国方略使社会安定，经济发展，上承“贞观之治”，下启“开元盛世”。她亦可以革除时弊，发展生产，完善科举，破除门阀观念。宋庆龄女士曾评价武则天是“封建时代杰出的女政治家”。然而即便她算得上一个合格的统治者，也不能忽略她因为欲望膨胀所造成的一些过失。皇帝的宝座对于每一个人都具有强烈的诱惑力，女人也不例外。武则天有着其他女人少有的胆识和谋略，更有着心狠手辣的手腕，似乎武周王朝她早已是有所准备，李唐天下不费吹灰之力就被她所取代。她执政后多疑臣民不忠于己，实行严刑酷吏搞得统治集团内部矛盾激化，人人自危。到了晚年她好大喜功，生活也趋于奢靡，她一生的功过恐怕连她自己也诉说不清，留下了一座无字碑让后人去评说。

武媚娘 14 岁入宫给唐太宗做了 12 年的才人，虽然最初得宠，但是不久便被冷落了。太宗病重，武媚娘和太宗之子也就是后来的高宗李治建立了感情。在唐太宗死后，按照惯例，武媚娘跟别的没有子女的太宗的嫔妃们一起被送进了感业寺，让她们修行。武媚娘虽然进入了感业寺修行，但是本应六根清净的她却还是与高宗李治牵连不断，并且在不久之后就被高宗接出了感业寺，结束了自己的尼姑生涯，被高宗在第二年的时候册封为昭仪。然而她又怎么能满足于这个小小的昭仪，她用尽心思最终陷害王皇后取而代之。成为皇后的她心狠手辣，把王皇后和萧淑妃都折磨致死。高宗体弱，她逐渐接触到了朝中政事。得源于高宗的信任，她开始了垂帘听政。高宗逐步将处理军政的权力交给了她，这一举动使得她对皇帝的宝座更加渴望，当然也就是源于这种对皇帝宝座的渴望以及高宗的纵容为她以后杀害大唐的重臣以及将高宗的江山取而代之埋下了祸根。

李治后来病重，趁着这次机会，武则天就一不做二不休，取代了李治，夺得了天下，并且成为了中国历史上前无古人也是后无来者的唯一的女皇。

武则天的一生是极其不平凡的，她本是太宗的宫室却又跟太宗之子即后来的新帝产生感情，这都源自于她内心对权力的欲望。她是个工于心计的女人，更是个心狠手辣、不择手段的谋略家。从入宫侍奉皇帝到她升为昭仪再到她母仪天下，她在后宫之中可谓是费尽心机。据说为了取得她梦寐以求的凤冠，陷害王皇后，她居然亲手杀死了自己刚出生一个月的女儿，所谓虎毒不食子，武则天的心真是早已为名利而搅动得翻天覆地了。得到皇后宝座的她却依旧不懂得满足，她内心的躁动一直怂恿着她去窃取李唐的天下。然而武则天是个敢想更敢做的女人，最终她建立了武周王朝，成了中国历史上唯一的女皇帝。

今人品读

武则天以女性身份，先后以皇后、皇太后和女皇帝的名义参与政治，统治中国长达半个世纪之久，成为中国历史帝王中的特殊现象。在她生前死后，她的功过是非是人们议论的重要话题。有人说她倒行逆施，荒淫残暴；有人说她知人善任，忧劳天下；有人说她昏庸无道，有人说她明察善断。时至今日，仍然众说纷纭，毁誉不一。武则天的一生，可以说是机关算尽的一生；她的一生也是充满着政治斗争、尔虞我诈的一生；她的一生几乎没有什么道德的底线，是背信弃义的一生；她的一生也是亲离子散的一生，但是最后还是亲手将那个机关算尽得来的江山还给了李氏家族。

武则天建立的周朝只在历史上存活了一代，一代过后就又被李唐代替。武则天经营的周朝，在一开始就实行了酷吏告密政策，但是后来她大力推广科举制度，对历史作出了巨大的贡献。从酷吏告密政策到大力推行科举制度，放权到朝中的大臣，从她对自己亲生子女的残忍迫害到她对自己所爱之人的私心包庇，武则天的一生可以说是极其精彩而又惨烈的一生。如果单单是从一代帝王的角度或是从一个女人的角度来看武则天，我们确实很难理解武则天在位50多年的所作所为。但是如果我们再去深究她的出生背景，以及她侍奉一对父子的那段经历，我们就能够理解她的所作所为了。内心的躁动与欲望，毒辣的手段和心机，换来了她一代女皇的身份，在这其中她得到了却也失去了，失去了亲情，更失去了一个常人的良知和感知幸福的能力。

贪婪的人是无处不在的，古今皆是。那些自认为聪明的人总是想尽方法去获得自己内心所向往渴求的，但是在他们为某些本不应该得到的事物而费尽心思的时候，他们已经开始失去了。他们开始失去自己的良知，也失去了自己作为常人的快乐。所谓知足者常乐，保持一份良好的心态做好自己力所能及的事情，扮演好自己在社会上所应该扮演好的角色，收获一份快乐幸福的人生，这才是最重要的。

名家点评

政由己出，明察善断，故当时英贤亦竟为之用。

——北宋·司马光

政启开元治宏贞观，芳流剑阁光被利州。

——郭沫若

上官婉儿：不计家仇披在身，甘心侍主尽终年

人物浅谈

上官婉儿也是一个充满争议的知识女性，后人对其评价褒贬不一。有人欣赏她的才华横溢："明淑挺生，才华绝伦。敏识聪听，探微镜理。开卷海纳，宛若前闻。摇笔云飞，咸同宿构。"有人看轻她的放荡不堪，甚至还有人说是她那无尽的欲望最终害死了自己。她是罪臣之女却依靠才华得志，她不计所侍之主便是其杀父仇人，却尽忠至死不渝。她把自己美丽洁净的身躯卷进了政治的污泥之中不可自拔，面对着无形更是无情的蛊惑、诱惑，她成为了政坛里的女官，并伴随着她那颗强烈的政治野心和旷世的才华一同奔向一条不归之路。

历史的躁动

可以说上官婉儿的一生太过于复杂和坎坷。武则天杀死了她的家人，可是她依旧愿意侍奉武则天，这其中包含了多少思想的斗争。她对权力的欲望并不亚于武则天，她虽没有觊觎帝位的才能和胆量，但是她是一个希望在政治上有所作为的女子。这是在那个封建时代被视为不合常理的一种心态。她的内心是极其混乱与不安的，面对那个几乎要灭她满门的女皇，她内心怎能无恨。对权势的野心、对武则天才能的赞赏使她甘愿深陷泥潭，把自己在政治上的成就作为

一种自我安慰。生逢乱世的她以一个不合常情的心态生活，可是乱世终究会过去，她也只能跳进自掘的坟墓之中。

上官婉儿出生之时，她的祖父和父亲便离开人世，上官家败落，仅凭母亲郑氏是太常少卿郑休远之姊，母女才得以免死。但一出生的上官婉儿便已沦为官奴的身份。她的出生就预示着开始了一段辛苦的人生，罪臣之女不知何日翻身。婉儿的母亲郑氏是她的启蒙老师和引导者，上官家的才学品质依靠郑氏传承给了上官婉儿，郑氏不仅教授了婉儿知识，也将上官家的遭遇一一告诉婉儿。上官婉儿是聪慧过人的，年少时她的才情便毕露无遗了。也许是她倔犟的内心告诉自己不可以停留在悲惨的阶段，她注定要在夹缝之中寻找出路。偏偏武则天惜才，给予了婉儿大好的机会展现自己的才华，14岁的她便为武则天掌诏命，参与政事，成为武则天文笔上的得力助手。这对上官婉儿来说，无异于天降祥云，一步登天。由于深得武则天的信任和赏识，直到武则天死她都对其忠心不贰。但其后的婉儿却依附于韦皇后，企图将女性的权力继续延续下去。身为女相的婉儿最终被李隆基赐死，再聪明的政治家也在劫难逃，只怨她生不逢时。

上官婉儿有着比她爷爷更强劲的政治能力和野心，同时也有着文人一样敏感而又脆弱的灵魂。她人生中的那些高贵以及卑贱的经历，优雅以及庸俗的交织，都成了日日腐蚀她心灵的一剂毒药，一直刺激着她，并且压抑着她。被权力的欲望所笼罩的她并没有随着武则天的归去而淡出宫廷，反而其势愈烈，甚至真正地秉国权衡，参与朝政，甚至操纵着唐王朝的走向。李唐天下容不下这样的上官婉儿，上官婉儿势必难逃一死。

今人品读

上官婉儿是个心绪复杂的女性，面对灭门的家仇，她却可以从容地服侍武则天。她可以忍气吞声地活在高高在上的女皇脚下，为的只是能够使上官家族重新获得地位，自己的才华可以得以施展，更重要的是扬眉吐气，归根结底都离不了她躁乱的心境和对权力欲望的渴求。她希望做人上之人，受到别人的仰慕，这也与她的家庭有关。她所经历的家族之变，对她的心理以及心态、人生价值观产生了很大的影响，那些繁花凋零以及富贵卑贱、人上人与人下人的巨大落差对她性格与期冀的塑造起着举足轻重的作用。世事的无常变迁，生活的艰辛与痛苦，这都让她对自己的命运做出了跟别人不一样的审视，并且她后来一直在后宫的下人之中长大，看多了那些人性的残忍与冰冷，看惯了那些悲欢与离合，也看惯了人性的邪恶，由于心理的落差以及自己原本就高贵的血统的召唤，她最终迷失了自我，走上了一条根本没有归途的路。她的死得缘于李唐天下所有男人长期被压制的不满与愤恨。后期婉儿的敌人并不是简单的政敌，她所面对的敌人超越所有的政治派别，她面对的是整个男权社会。

如果上官婉儿不是生于那个乱世败落的官宦之家，如果她无缘面对后来的那么多名利的诱惑和地位争斗的压迫，或许她能够成为某位有识之士的掌上明珠，平静地终其一生。抑或这样一个风情万种绝代风华的女子，会不会成为一个诗文温雅、毫无杂质的女诗人，以诗词歌赋名传于世呢？婉儿的一生警醒着那些利欲熏心的人们早日回头是岸，保持着纯净平和的心态面对这个复杂且又多变的社会才是真正的生存之道。

名家点评

闺间有奇女，意态漫清缤。执秤秤天下，怀书书汉秦。殷殷劳案牍，脉脉念离人。淡荡江湖远，谁堪道苦辛？

华清鞶

古代有女史记功书过，有女尚书决事宫闱。昭容两朝专美，一日万岁，顾问不遗，应接如响。

唐张说《昭容文集序》

杨玉环：回眸一笑百媚生，遗恨绵绵无绝期

人物浅谈

“回眸一笑百媚生，六宫粉黛无颜色。”堪称大唐第一美女的杨玉环天生丽质，更加上她有优越的教育环境，因此具备一定的文化修养，使得其性格婉顺，且精通音律、擅歌舞尤善弹琵琶。由是在此后的千余年无出其右者。倾国倾城的容貌加上温婉的性格使杨玉环受到了“后宫佳丽三千人，三千宠爱在一身”的待遇。然而奢华的生活却更是滋生了她的贪欲，她虽然没有野心干涉朝政，却扰得唐玄宗夜夜春宵弃国事于不顾。外戚专权，杨贵妃的亲朋好友都成了整个朝廷的负担。玄宗对其更是百般纵容，为了博得贵妃一笑，不惜劳民伤财，更留下了“一骑红尘妃子笑，无人知是荔枝来”的佳句。

历史的躁动

中国古代四大美女是指西施、王昭君、貂蝉和杨玉环，自古便以“沉鱼落雁，闭月羞花”来形容这四个绝世美女的容貌。杨玉环是一位连花儿见到都羞愧不如的绝艳美女，她也是四大美女中地位最高、权力最大的一位女人。杨玉环不仅貌美、歌舞俱佳，而且甚是聪明，更是善解人意，深得玄宗喜爱，使她很自然地专宠于后宫。得到了万千宠爱的杨玉环越来越奢侈，她早已被物欲遮住双眼，迷失了方向，心境的躁乱使她一直想要获取，心中尽想着玄宗如何围绕着她、陪伴着她，忘记了玄宗是一国之君，更是百姓的依靠。她利用玄宗对她的宠爱为所欲为，虽没有干涉朝政，却败坏了朝风，被世人所唾弃。

杨玉环本为寿王妃，寿王是玄宗之子，玄宗被杨玉环的国色天香所诱惑，竟悖常伦，设计把杨玉环占为已有，并封为贵妃。能使玄宗夺子之所爱，杨玉环的貌美程度便可见一斑了。入宫后的杨玉环不久便得到了玄宗的专宠，玄宗对她百依百顺，宠爱有加。据说杨玉环每次乘马，执鞭的都是大宦官高力士。一时之间宫中奢侈之风盛行，据统计，专为杨贵妃服务的织绣工就有700人之多。贵妃专宠，更有投机者利用这一点，争献珍玩者，以求高升。据记载，岭南经略史张九章与广陵长史王翼，因所献精美，深得贵妃喜爱，二人均被升官。这样一来，百官竞相仿效。后宫的奢侈更是扰乱了朝中的秩序，杨贵妃喜食岭南荔枝，便有人千方百计急运新鲜荔枝到长安。荔枝的别名“妃子笑”，便来源于“一骑红尘妃子笑，无人知是荔枝来”。而且在杨玉环得到宠爱之后，杨家所有的人都跟着飞黄腾达，她的兄弟姐妹还有所有的亲戚一下子都上了朝堂，谋得了一官半职。并且随着时间的推移，杨家的力量也发展成了一股很是庞大的政治力量，杨氏一门顷刻权贵一时，成了朝廷的负担和日后的隐患。到“安史之乱”玄宗携贵妃潜逃，由于众将士不满于多年来玄宗为了杨玉环置朝政于不理，劳民伤财，认为杨家祸国殃民，杨贵妃是红颜祸水，而不肯前行。无奈之下，玄宗别无选择，赐死了杨国忠，杨贵妃也被缢死于路祠。一位绝代风华的贵妃就这样香消玉殒，退出了历史的舞台。

杨玉环并没有多么大的野心，也并不是一个充满心机的政治家。自入宫以来，她一直遵循封建的宫廷体制，并没有像历史上有的女人那样过问朝廷的政治，也从没有插手到那些权力斗争之中。可以说她是以自己的妩媚温顺及过人的音乐才华才受到了玄宗的百般宠爱。但是由于过分的宠爱使杨玉环逐渐地陷入奢华欲望的旋涡，为了满足内心的躁动，媚惑着玄宗整天陪她纵情声色，肆无忌惮地劳民伤财。后来发展到杨氏一门势倾天下，任意挥霍。朝廷的腐败统治加剧了人民的负担，造成了他们生活的苦难，那时的人们一直处于水深火热之中。当然，玄宗给杨玉环这样骄奢淫逸的生活其实并非长久的，最后也直接造成了她自己的悲剧以及跟玄宗爱情的悲剧。

今人品读

杨玉环留给世人的印象并不是她貌美如花的容貌，而是媚惑君主、祸国殃民的骂名。比起其他三位美女，杨玉环所过的生活简直犹如仙境。她拥有着帝王集三千宠爱于一身的特殊待遇，虽不是皇后但是胜似皇后。由于圣上对其过分的娇宠，包括朝中上下都不敢对她有非议。她奢侈的欲望在玄宗放纵的温床上不断地升级，在她侍奉皇上的几年中，她享受到了一人之下万人之上的尊贵生活，原本平静的心态在这样的骄纵下变得躁乱不堪，又在这样的躁乱下变本加厉地索取。不仅她本身，她的家人也因此得福。当然是福也是祸，盛极必衰是亘古不变的真理，当欲望把杨氏一门托起至云端，那么等待他们的也将是灭顶之灾。杨贵妃最终没有得到好的下场，但她那不过数载的淫逸生活却将大唐的江山推向了下坡路。如果说大唐由盛转衰是杨氏所造成的结果，这太过于偏激，但是究其根本，这无疑也起着推动作用。

过度的纵欲势必会造成心理上的偏差，从而影响一个人的作为。当被欲望左右、被名利牵着鼻子走的时候，一个人的一生势必要走不少弯路的，甚至会使自己走上不归之路。假如杨贵妃当时能够做一位贤德的皇妃，去体恤百姓、洞察民之疾苦，而不是倚仗着玄宗的恩宠肆无忌惮地享受着骄奢淫逸的生活，弄得朝风败坏，或许玄宗的天下便可以多兴盛些年，也不至于弄得朝中贤臣敢怒不敢言；也或许根本没有机会上演安史之乱，更谈不上最后落得赐死的下场，这悲切的后果就是她平时所埋下的祸根，怨不得他人。历史已然过去，留给我们的是无言的警示，我们应该看到躁乱的心境带给我们的将是什么，所以趋利避害就是我们身为后人所应该从中学习的。

名家点评

天生丽质难自弃，一朝选在君王侧。回眸一笑百媚生，六宫粉黛无颜色。春宵苦短日高起，从此君王不早朝。承欢侍寝无闲暇，春从春游夜专夜。后宫佳丽三千人，三千宠爱在一身。

——唐·白居易《长恨歌》

长安回望绣城堆，山顶千门次第开。一骑红尘妃子笑，无人知是荔枝来。

——唐·杜牧《过华清宫》

李清照：朝夕墨洒言君恋，流离愤恨说项羽

人物浅谈

李清照有着“千古第一才女”之美誉，被称为“宋代最伟大的一位女词人。也是中国文学史上最伟大的一位女词人”，她的艺术成就赢得了后世的高度称赞，认为她的词“不徒俯视巾帼，直欲压倒须眉”。李清照的人格比她的作品更值得人们崇敬。“她既有巾帼之淑贤，更兼须眉之刚毅；既有常人愤世之感慨，又具崇高的爱国情怀。”在她身上不仅闪耀着卓越才华、渊博学识的珠光，更兼备高远理想、豪迈抱负的宝气。然而就是这样的一位奇女子，并没有得到上天的眷顾，她的一生以宋室南迁为界分为两个阶段，前期生活的安逸和后期生活的颠沛流离使她产生了巨大的心理落差，她内心的仓皇躁乱无可寄托，只能用她的诗、她的词溢于言外。

历史的躁动

提起李清照，首先令人想到的就是她的诗、她的词。在她的同代人中，她的词赋、诗歌和散文都能高标一帜、卓尔不凡。其中以她的词赋最为突出，形成了“易安体”这一独特的艺术风格。可以说她的词作在艺术上已经达到了炉火纯青的境界，在词坛中独树一帜。“真情是词之骨，词之言情，贵得其真”。她在词赋上的成就也来源于她生活上的起伏变化，随着金军南下，国破家亡使李清照的生活变得凄凄惨惨、悲悲切切。加之她的丈夫缒城逃跑一事，使有爱国气节的李清照对其心灰意冷，在乌江边写下了有名的《夏日绝句》来赞项羽讽明诚。此后的生活纠结于国破家亡的境地，她在躁乱的生活中完结了后半生。

李清照出生于一个书香门第，早年的她过着生活富足的日子，家中藏书甚丰，使之有机会博览群书，为她打下了深厚的文学基础。嫁给了丈夫赵明诚之后，两人志趣相投，夫妻生活美满，共同致力于金石书画的搜集整理工作。故早期李清照的诗词中多写其悠闲生活，描写爱情生活、自然景物，韵调优美。然好景不长，当朝中新旧党争越演越烈时，恩爱夫妻被棒打鸳鸯，两人隔河相望，饱尝相思之苦。这还不算悲剧，到金军南下才是李清照噩梦的开始。金军攻破汴京，宋室无能，自毁长城。加之更让李清照感到绝望的是，她的丈夫赵明诚是个怕死的懦夫。任职时城中叛乱，赵明诚居然缒城逃跑，由此二人开始了逃亡的生活。后赵明诚郁郁而死，李清照更是倍感孤独，无所依靠。亲眼目睹了国破家亡的李清照“虽处忧患穷困而志不屈”，在“寻寻觅觅、冷冷清清”的晚年，只能殚精竭虑去编撰《金石录》，去完成丈夫未竟之功。生于乱世的李清照，亲历了金兵的横行肆虐，这更激起她强烈的爱国情感。虽身为一介女流的她却积极主张北伐收复中原，可是腐朽的南宋王朝却一点也不争气，只是偏安一隅，让李清照的强烈情怀最终成了心中的一丝幻影。国破家亡的打击把爱国且又心思缜密的女子的心摔得粉碎，因而后期李清照的词赋多慨叹身世、怀乡忆旧，情调悲伤。

李清照的一生经历了巨大的落差。早期生活的简单幸福，使李清照得到了前所未有的幸福感。然而金军的入侵使她看到了战争的残酷，山河支离破碎，百姓流离失所，丈夫也离自己而去。国破家亡、忍受孤寂的她，心中必然躁乱不堪。“生当作人杰，死亦为鬼雄。至今思项羽，不肯过江东。”这首诗就是李清照借项羽的那种宁死不屈的精神来讽刺宋徽宗父子的懦弱以及无能，来表达自己对徽宗父子丧权辱国的行为的愤慨。这短短的几句诗，是她愤慨的心理写照，也是她自己情绪的一种畅快的发泄。多年的背井离乡，丈夫死后她的改嫁又遭到士大夫阶层的污诟与渲染，并受到了严重残害。她无依无靠，呼告无门，贫困忧苦，流徙飘泊，最后寂寞地死在江南。

今人品读

李清照这个擅书画、通音律、工诗词、精金石的绝世才女，倾尽其惨淡的一生将自己置于文学的巅峰。然而国破家亡之后的政治风险和个人生活的种种遭遇的悲惨，使她的精神濒临崩溃，瞬间她的快乐幸福通通成为过往，而留在她生活中的只有痛苦忧愤、孤独寂寞。悲寂的遭遇一扫清丽明快之音，留给了李清照凄凉低沉之调，李清照内心的躁乱只能凭借她卓越的才华展现在诗词之中。李清照这样一位才女可谓生不逢时，但是如果没有她的复杂遭遇，或许那些流传千年的词赋便无从出现。从顺风顺水的生活到后来的颠沛流离，李清照像是生活在迥然不同的冰火两重天中，也或许没有这样激烈的碰撞，就迸发不出她的创作灵感，迸发不出她的卓越智慧。

我们在欣赏和学习她的优秀作品时不得不为其中透露出的悲切情感所动容，更对这样的一位爱国才女的悲剧遭遇深感同情。

走到历史的今天，李清照的悲悲切切已成为天光云影、隔世离空的怅惘，在千年后、万年后、千古以后，一定依旧有着同样心绪的人懂清照、与清照同。现在我们的生活国泰民安，不受战争侵扰，但是李清照的身影亦是出现在生活的角角落落，因为她的气节秉性在、她的执着才情在。李清照早已化作一类人的身影穿梭于人群中，无论生活在历史的哪一个阶段，过去，现在，还是将来，要善于抚平自己的心绪，起码让自己的思想和智慧为这段历史留下些什么，使我们不枉此生。

名家点评

清照以一妇人，而词格乃抗轶周柳，虽篇帙无多，固不能不宝而存之，为词家一大宗矣。

——《四库提要》

李易安词，独辟门径，居然可观，其源自淮海、大晟，而铸语则多生造，妇人有此，可谓奇矣。

——清·陈廷焯《白雨斋词话》

作长短句，能曲折尽人意，轻巧尖新，姿态百出。闾巷荒淫之语，肆意落笔。自古缙绅之家能文妇女，未见如此无顾籍也。

——宋·王灼《碧鸡漫志》

柳如是：红颜舛命归田园，香消玉殒是愁端

人物浅谈

她个性坚强，正直聪慧，魄力奇伟。她是生活于明清易代之际的著名歌妓才女柳如是。她的声名与李香君、卞玉京和顾眉生平起平坐，辛弃疾的一句“我见青山多妩媚，料青山见我应如是”成就了“柳如是”这个诗情画意的名字。她也被世人称为“风骨嶒峻柳如是”，由此可见出身贫贱的柳如是的才情是非常人所能比拟的。然而就是这样的一位才女，最后也无奈香消玉殒。柳如是嫁给了钱谦益，虽起初家庭和睦夫妻恩爱，然而国破是他们悲剧的开始。明亡后，钱谦益气节上所表现的苟活谄媚态度每每让怀有强烈爱国情怀的她倍感失望，但她却没有放下夫妻情分，弃之于不顾。钱谦益死后，因族人对钱家财产的觊觎，柳如是无奈下悬梁自缢而死，一代风流才女应了那句“自古红颜多薄命”。

历史的躁动

柳如是不只是美艳绝代，更是才气过人，也正是如此成为了闻名于世的秦淮名姬。单从文学和艺术才华上讲，“秦淮八艳”之首柳如是是当之无愧的。她所留下的不少轶事佳话为后人所乐于传诵。她留下的诗稿和尺牍都颇具文采，清人认为她的尺牍“艳过六朝，情深班蔡”。不仅如此，她还精通于音律，长袖善舞，而且在书画上也负有盛名，她所作的画表现出了娴熟简约、清丽有致的特质，除此之外她的书法更是深得后人的赞赏，被称之为“铁腕怀银钩，曾将妙踪收”。她一生的生活并不是那么顺心，甚至可以说是暗淡，她幼年不幸，身世不清，又不幸沦落风尘，虽跟钱谦益有过一段佳话，但是好景不长，随着国家的灭亡，一切美好都犹如空气中的泡沫一般不能久存。她的内心是痛苦而无奈的，痛惜国家的覆灭，更纠结于丈夫的背信弃义。她在纠结无奈和躁乱中度过了大半生，最终丈夫死后，也迫于他人的压力自缢身亡，一代名姬就这样飘逝了。

据说柳如是自幼便是个聪慧好学的人，但是苦于家贫，更是由于成长过程中的种种磨难，不幸沦入风尘，后在其 20 岁之时嫁给了年过半百的东林党领袖、文名颇著的钱谦益。幸运的是婚后夫妻恩爱，且传为佳话，钱氏为她在虞山盖了十分壮观华丽的“绛云楼”和“红豆馆”，由此便将其金屋藏娇。然明亡，柳如是劝钱谦益为国殉节，钱氏非但没有，还甘心降清。这使柳如是痛心疾首，断然拒绝同钱氏一同赴京，这些举动都表现出了她强烈的爱国和民族气节。钱谦益降清这件事，本应为后世所诟病，但是有赖于柳如是一系列的义行，而冲淡了人们对他的种种反感。后种种原因钱氏归家后却遭到了他人的牵连被捕入狱，柳如是并未弃之不顾，东奔西走终于将钱氏解救出来，此后直到钱谦益去世她都过着较为安逸的生活。但钱氏死后更大的不幸降临了，贪婪的族人觊觎钱谦益的家产，柳如是为了保护产业，立遗嘱悬梁而死，一代风流奇女，香消玉殒，余恨不禁，且死后也只是孤冢一座，无法与钱谦益合葬。

柳如是一生的道路上都是崎岖坎坷的，如果说她无法选择自己的身世，那么自幼家境的贫寒对于她来说实在是算不了什么。她虽沦落风尘，但是她的才华并没有被污垢的环境所掩埋，美艳绝代的外表，才气过人的内在，多少名士追慕，但是她却选择了钱谦益。这正是她内心纠结的开始，看到自己的丈夫不保气节，在明亡后却甘愿削发仕清，她内心是悲切、躁乱而失望的。当她的丈夫受到牵连锒铛入狱时，她的心又是急切的。在她少有平静的一生里，经历了太多让她无法选择与承受的事，她内心备受煎熬。当她的丈夫离开人世之后，她又遭受了族人的排挤，悲愤交加的柳如是再也无法压抑自己内心的躁动无助，就这样一个柔弱的才女在饱尝人间惨淡之后飘零而逝。

今人品读

柳如是不仅拥有绝代风华，更让人钦佩的是身为柔弱女子的她却有着男儿都难以企及的爱国气节。当兵临城下时，她知道清朝就要取明朝而代之，她悲痛交加，不愿意做亡国奴，更不愿意看见自己的丈夫为清廷服务，她做出了一个令男人都难以做出的决定——投水殉国。然而钱氏的举动却击碎了她的愿望，这恐怕比亡国更让她痛楚。在自己身边生活了许久的丈夫甘愿降清，使她有着强烈的背叛感，还有此后她慰劳抗清义军等行为，这些都深切地表现出她强烈的爱国情操。钱谦益降清这件事本来应该为后世所诟病的，但是有赖于柳如是的义行，进而冲淡了人们对他的反感。钱氏死后，柳如是便彻底地失去了依靠，更失去了对生活的希望。就在同一年，她结束了自己风风雨雨的一生，追随钱谦益于九泉之下。一代奇女子，香消玉殒，为后世所叹息。

她的才华是为后人所倾慕的，但是她那敢于舍生取义的强烈的爱国信念更是让我们后人所铭记、所称颂的。身为一个柔弱女子，却有如此高尚的精神，不能不使人为之感动，是她让我们领略了什么是“出淤泥而不染，濯清涟而不妖”。虽出身贫贱又误入娼门，但是她的精神层次却高于常人，身为后世的我们也应该学习她崇高的气节，更应该看到她为自己所倾慕的各种人和事物的那份执着追求和不畏惧强权的胆识。

名家点评

陈寅恪读过她的诗词后，“亦有瞠目结舌”之感，对柳如是的“清词丽句”十分敬佩。清人认为她的尺牍“艳过六朝，情深班蔡”。柳氏还精通音律，长袖善舞，书画也负名气，她的画娴熟简约，清丽有致；书法深得后人赞赏，称其为“铁腕怀银钩，曾将妙踪收”。

隐士篇

——抛开世俗寻净土，只因意冷心也寒

放浪形骸的生活方式，谈尚玄远的清谈风气，逃避现实的心态，远离政治，避实就虚，探究玄理，乃至隐逸高蹈，陶醉其中而怡然自得。孔子云：“邦有道则仕，邦无道则隐。”多少能人义士不堪权贵的迫害，不为财富权势所动容，他们有振衣而归的高士情怀，大隐于市换得自由之身。他们大都怀才而不遇，有抱负而难以施展，一生坎坷难得志，无奈只得用闲云野鹤的生活去安抚他们对世事的愤恨，抚平他们内心的躁动，还一身傲骨，大隐于山林。

许由：三代宗师拒帝位，重义轻利行显明

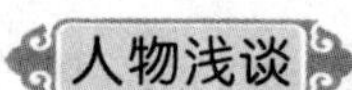

许由为尧舜之师，他辞尧禅让、隐居箕山、挂瓢洗耳的故事作为民主思想的最早典范，成为千古美谈而闻名于世。许由也因此成为古代隐士中最早名声显赫的一位，被誉为隐士鼻祖。据传他也曾做过尧、舜、禹的老师，后人因此亦称他为“三代宗师”。至高无上的帝位，自古以来是多少人梦寐以求却求之不得的，有多少人不择手段去争去抢这顶皇冠。然而许由却是个例外，唾手可得的帝位他却拒而远之，他能够在面对权力诱惑之时理清自己的思绪，平和自己的内心。许由拒绝荣禄、谦让隐退的崇高节操，对中国的隐士文化以致道家文化的形成都产生了很重要的影响，当然也成为了中国传统文化精神的一部分。

历史的躁动

许由是中国姓许之人的始祖，也是我国历史上第一位有真实的文献记载的第一位隐士。尧、舜禅让的故事，使原本凡人的他变得家喻户晓。也因此由许由开始形成了隐士的思想、志趣和情怀，诸如“谦让为大、不慕荣利，厌恶官场、回归自然，鄙弃功名、甘于淡泊，悠游山水、忘情诗书，躬身劳作、体验艰辛”，等等，都开始

受到历代知识分子的推崇与追求，自此开始形成中国知识分子所独特的精神品格。许由能够以一个平常的心态去看待君王的地位实在令我们钦佩，在面对如此之大的诱惑时，他能够清醒地认识自己的取向，并对自己的欲望加以把持，是一般人所难以达到的高度。

传说帝尧曾经多次向他请教问题，认为他是一个非常有才华的人，后来便想把君位传给他。不料却遭到了他的严词拒绝，居然逃到了登封的箕山隐居起来，自此很少与世俗社会交往。尧历尽艰辛派人找到了他，让他当九州的长官，所派之人传达了唐尧的旨意之后，便苦口婆心地劝他立即上任。许由却认为自己可以成为一个很好的民众，但是却不可以成为一个高官，所以他就下定决心不去就任，并且跑到颍水边去洗自己的耳朵，以此来表示不愿意听到这种话。后来，许由因为品德高尚，才智过人，特别受部族崇敬。当时身为部落联盟领袖的唐尧觉得自己年岁大了，于是就四处访寻贤人，所以当他发现了许由时，就毅然决然地决定要把天下让给他。然而许由却觉得自己的德才并没有虞舜那么好，更担心唐尧的几个孩子不服自己，从而引起内乱、耽误了国家大事，并且还让百姓无辜受苦，于是便连夜遁奔岐山隐居。大思想家荀子就曾经这样称赞说："许由善卷，重义轻利行显明。"许由以他自己那种淡泊名利的思想、重义轻利的崇高节操获得了人们的嘉许，也赢得了后世的人对他的尊敬，从而被尊奉为隐士的鼻祖。他甘于隐居山林，日出而作，日落而息，过着自耕自食的生活。那种释然的心境更是为后人所大为赞赏。

欲望是一个人在社会生活中不可避免的一种希冀，没有人的一生是没有欲求的，而这种欲求最多的表现在对名利和钱财的渴望和追求之上，更不用说当面对唾手可得的那个高高在上的皇位之时，多少人能够抗拒这样磁石一般的诱惑。面对皇位我们更多看到的是不惜一切代价的争夺之战，甚至面对至高无上的权力，连亲情顷刻间都变得苍白无力，古往今来这样的例子可谓是数不胜数。然而像许由一样多次推脱宁愿归隐于山林的仁人志士实在是屈指可数，他是一个能够自知之人，他有才有德却并不把自己拘泥于权力的旋涡中，按捺住被欲望搅乱的心，找一方净土观赏山光岚气，赞扬锦绣河山。因为有了这样一段历史，才有了后人所仿效的榜样。

今人品读

在历史上许由是那么潇洒地拒绝了尧，为了逃避一再的请求，他宁愿躲入山林。许由实在是一个贤能的人，他能在那么大的诱惑之下摆正自己的位置。相信世间不喜名利的人实为少数，许由就是少数之中最为特别的那一位。他能够很清醒地认识到尧的功绩：“子治天下，天下既已治也，而我犹代子，吾将为名乎？名者，实之宾也，吾将为宾乎？鷦鷯巢于深林，不过一枝；偃鼠饮河，不过满腹。归休乎君，予无所用天下为！庖人虽不治庖，尸祝不越樽俎而代之矣。”以这样的一番话回绝了尧的请求，其言语之间透露的真情实在让人感动。许由是一个值得人们崇敬的人，辞尧禅让、隐居箕山、挂瓢洗耳的故事自此之后便一直流传于世，拒绝荣禄、谦让隐退的许由也就成了越来越多不慕名利的仁人志士学习的榜样，开创并发扬了隐士的精神。

相比于许由，自古至今有太多的人应该面红耳赤了。那些自认为自己才华横溢的人，为了名利把自己人性最恶毒的一面展现在人们眼前，就算是他们能够在其位、忠其职，却无疑在品格方面要输人一等，他又有什么资格去争去抢呢？更有一些人为了一些蝇头小利，不但绞尽脑汁，甚至还不惜施展一切手段为所欲为。这实在有违君子之道，比起那些古代贤人来，实在是渺小而可耻的。所以谦让是一种美德，当两人都想得到某件东西时，必然会有一个人失望而归。面对这样的事，考验的是一个人的品行和觉悟，适当的退让或许会失去利益上的某些东西，但是会收获一种更加宽广豁达的心境，这对于漫漫的人生道路是受用不尽的。

名家点评

许由善卷，重义轻利行显明。

——荀子

范蠡：功成名就浮云过，归隐林间淡人生

人物浅谈

范蠡是我国春秋战国时期的人，他有着很多重身份，他不仅是一名著名的政治家和军事家，更是一名成功的商人，他被誉为“治国良臣，兵家奇才，商人始祖”。历史上的范蠡充满着智慧与谋略，他有一颗心系天下的心，有着像大海一样宽广的胸怀，也有着高尚的品德。在他的一生中，他以自己的谋略和智慧帮助勾践灭掉吴国，但是在功成名就后却毫无眷恋地退出了政治舞台，弃官务农、经商。总的来说，范蠡是一个既能入朝建功，又能下野善终的典范。范蠡

是充满智慧的，他看透了他所服侍的勾践是个可共患难不可共富贵之人，他并没有对功名利禄有任何的贪恋，更没有因为自己是有功之臣而邀功请赏。范蠡机智地出走，生命得以保全，而同是功臣的文种因留恋功名不肯罢手，却死于非命。

历史的躁动

范蠡是一个充满着智慧与谋略的军事家与政治家，也正是由于他的倾情加入，才造就了春秋晚期吴越争霸的一段传奇。他在吴国打败越国之后，随着勾践一起到吴国做俘虏，历尽了艰辛，但这都没有影响他的智慧，他最终帮助勾践复了国。但是也就是当越国灭掉吴国以后，他并没有去享受荣华富贵，而是保持了自己的那份孤傲，然后怀着一颗平静的心隐没于闹市之间，专心于经商，并很快富足于世，为后代的商人们树立了一个迅速致富的典型，被尊为“商圣”。他保全了自己，善始善终。可以说范蠡进退之间游刃有余，他凭借着自己的才能，适度地掌握着进退之间的步伐，进能助人兴国，退能发家致富。而同是功臣的文种因好大喜功跟他形成了鲜明的对比，后人以“文种善图始，范蠡能虑终”来展示范蠡的宽广胸怀和迷人的智慧。

范蠡虽然出身贫贱，但却博学多才，年少时投奔越国，辅佐越王勾践。当时由于一些原因，勾践战败，于是范蠡就给勾践献上计谋，让他卧薪尝胆，伺机复国。勾践听取了范蠡的计谋，于是在以后的3年他就陪同勾践夫妇在吴国为奴。“忍以持志，因而砺坚，君后勿悲，臣与共勉!”他没有任何怨言地去帮助勾践复国，终于在一雪前耻之后，他发现勾践并非是一个能够长期侍奉的主子。他太工于心计，与他共享富贵其实是一种奢望。所以范蠡就急流勇退，明哲保身，在他离开之前给同是功臣的朋友文种写了封信劝道：“高鸟已散，良弓将藏；狡兔已尽，良犬就烹。夫越王为人，长颈鸟喙，鹰视狼步，可与共患难而不可与其处乐，子若不去，将害于子。”文种贪恋功利不肯相信，然而勾践的一句“子教寡人伐吴七术，寡人用其三而败吴，其四在子，子为我从先王试之”。证明了范蠡并未以小人之心度君子之腹，文种最终成为剑下之亡魂。在文种成为剑下亡魂之时，范蠡却早已褪去了官服，轻松自由地与西施泛舟在五湖四海之中，畅意他们的人生。范蠡一生曾三次由于经商成为巨富，但是却又三次疏散家财，他自称为陶朱公，并且成为了我国儒商的开山鼻祖。后来被世人称赞：“忠以为国，智以保身，商以致富，成名天下。”

范蠡在功成名就的时候懂得适时收手，懂得如何进退，这就是他高超的人生智慧的一种表现，也是他不贪慕虚荣、不慕名利的性格的表现。这也是为什么范蠡能够游刃有余地活在那个乱世之中。当自己通过努力帮勾践完成复国大业之后，他可以透彻地洞悉勾践的为人秉性，他可以按捺住自己为功利而躁乱的心，在其他方面开创一片新的天地，活得逍遥自在。三国人刘邵在《人物志》中说：“思通道化，策谋奇妙，是谓术家，范蠡、张良是也。”他为官场中人树立了光辉典范，更是被后世为官者奉为楷模。而文种却恰恰相反，不能说文种贪婪，但是起码是他把功利看得太过于重要，终于惹来了杀身之祸。相比起来，文种的结局就有些悲凄。权力之争必定要有牺牲品，在古代有不少的文臣武将一直都逃不脱这种命运的捉弄，他们一直在政治旋涡中苦苦挣扎，可最终也摆脱不了命运。其实他们逃不脱的不是命运，而是逃不脱自己内心对于权力的向往，所以他们只能被牺牲。

今人品读

范蠡果断地走出了名利的牵绊，才让自己的性命得以保全；而文种走不出朝堂的诱惑，对功名利禄心存幻想，最终丢掉了自己的性命。为什么两个有着同样的身份、有着共同的主子的人却有着截然不同的命运结局？范蠡的这种结果，我们不能不说是因为他能够洞察人事并能果断作出决定的结果。在与勾践的长期相处之中，他对勾践的人品、性格有了深刻的了解。范蠡看出了勾践是一个“大恩不报，大功不还”之人，故在大功告成、灭吴之后，他成功地克制了自己内心的渴求，毫不犹豫地急流勇退。范蠡这个人，不能否认他不仅怀有古代儒家治国平天下的远大抱负，又拥有着道家的那种顺势而为的豁达的人生观，他的这种儒道互补的状态造就了他一生的成功，也让他能够潇洒地行走在人世间，终其一生。而文种却抱有希冀，对功名利禄抛舍不掉，更按捺不住邀功请赏的躁动之心。然而他的才情却让勾践担忧，最终引来了杀身之祸。

范蠡的一生映射给我们的道理是人的一生不应该只围绕利益而生存，应该有一种“舍得”的心理，舍、得，舍、得，有舍弃才会有得到、有收获。所以我们不应该只是把眼光专注于眼前的某些利益，而应该把心绪放得更加平和，保持一份稳定的心态，把路看得更加深远一些。因为眼前的诱惑并不一定就是真实的，更有可能是海市蜃楼，进一步去索取、去获得说不定就是死路一条，而退一步换个方向说不定就会欣赏到更加美好的风景。过盛的欲望在我们的生命中扮演的永远都是一个死神的形象，越是靠近它，就会离末路更进一步。

名家点评

思通道化，策谋奇妙，是谓术家，范蠡、张良是也。

——魏朝·刘邵《人物志》

已立平吴霸越功，片帆高扬五湖风。不知战国官荣者，谁似陶朱得始终。

——唐·汪遵《五湖》

史学家称："范蠡三迁皆有荣名。"史书中有语概括其平生："与时逐而不责于人。"世人誉之："忠以为国，智以保身，商以致富，成名天下。"

庄子：悟透人生逍遥境，大隐于市自由身

人物浅谈

主张"天人合一"和"清静无为"的庄子是先秦时期伟大的思想家、哲学家和文学家。他是道教的主要创始人。生活在战国那个纷扰不安的时代，当他看到了诸侯国为了争夺一席之地而大动干戈，荒野弃尸遍布，生灵涂炭但又无力制止时，他躁乱的内心深处充满着对当时世态的悲愤与绝望。"天下有道，圣人成焉；天下无道，圣人生也。方今之时，仅免刑焉。福轻乎羽，莫之知

载；祸重乎地，莫之知避。”他的一些哲学观点有着退隐、不争、率性的表象，不难看出庄子是一个对现实世界有着强烈爱恨之人。庄子的一生都把名利淡薄于身外，修身养性，清静而无为。

历史的躁动

庄子的一生洁身自爱，过着清贫隐居的生活。他致力于他所喜爱的领域之中，继承并发扬了老子的道家思想，可以说庄子是惊世骇俗的哲学大家，更是一朵才华横溢的文学奇葩。“庄周梦蝶”的典故我们并不陌生，沉迷于自己的理论体系的他分不清梦境和现实的差距。我们也知晓他与时人惠子“安知鱼乐”的精彩辩论。庄子的寓言有着神奇的想象，并且充满着很是缜密的哲理，文笔更是生动细腻，行文也是挥洒自如。他有着自己处世的态度，现实的惨淡早已使庄子安然地放下，从而大彻大悟用另一种方式来帮助世人超脱。庄子的生活极其贫穷困顿，却毅然决然地鄙弃荣华富贵、权势名利，断然拒绝入仕为官，用尽全力在乱世之中保持了独立的人格，追求逍遥无恃的精神自由。

庄子的一生可谓过得清贫但却逍遥自在，这与他所生活的环境和所崇尚的学说有着密切的关系。他并非无视民之疾苦，但深感自己力单势薄，倒不如自得其所，在思想上有所建树。庄子虽然学识渊博，却一生都不愿意入仕，即便有人来征召他，他也断然拒绝。传说有一天，庄子正在濮水边垂钓。楚王所委派的二位大夫前来聘请他说道：“吾王久闻先生贤名，欲以国事相累。深望先生欣然出山，上以为君王分忧，下以为黎民谋福。”然而庄子却持竿不顾，淡然说道：“我听说楚国有只神龟，被杀死时已三千岁了。楚王珍藏之以竹箱，覆之以锦缎，供奉在庙堂之上。请问二大夫，此龟是宁愿死后留骨而贵，还是宁愿生时在泥水中潜行曳尾呢?”二大夫回答说：“自然是愿活着在泥水中摇尾而行啦。”庄子说：“二位大夫请回去吧！我也愿在泥水中曳尾而行哩。”《史记》对这一段也有所记载：“楚威王闻庄周贤，使厚币迎之，许以为相。”庄子却答道：“子亟去无污我，我宁游戏污渎之中自快，无为有国者厚。”可见这一段故事并非仅是传说。庄子对人生的认训已经达到了大彻大悟忘我的境界，他知道所谓的名与利、权与势在死后都会变得烟消云散，去争取这些外在的东西都是毫无意义的。相反人生在世时，这些名利还会给人带来无谓的纠结和巨大的精神痛苦。

庄子因世道之污浊，才退隐；也是因为有了黄雀在后的经历，他才变得与世无争；更是因为他发现人生有太多的不自由，所以他才强调率性。庄子就是以他独特的率性而凸显其特立的人格魅力的。正因为爱得热烈，才导致他恨得彻底，他认为出仕为官一定会戕害人的自然本性，还不如在贫贱的生活中自得其所，这无疑就是对现实情形过于黑暗污浊的一种强烈的觉醒与反思。他达到了精神上的逍遥自在，比起名利他更加重视内在德行的修养，他的思想也为后世人的释然而做下了理论的铺垫。

今人品读

庄子是一个愤世嫉俗的人，他生活在纷扰的战国时期，也为他释然的品性奠定了社会基调。历史上“颜回将之卫”、“叶公子高将使于齐”、“颜阖将傅卫灵公太子”都讲了统治阶层人际关系的复杂与险恶，特别是君臣关系。人与人之间的钩心斗角是一场劳累的游戏，那些算计猜疑都让那些执着于仕途的人们耗尽了自己的精力，有的甚至赔上了自己的一生，葬送了自己的性命。庄子既能洞悉世事，又怎会自寻烦恼，使自己的精神痛苦呢！他所期待的是“独与天地精神往来”。“泉涸，鱼相与处于陆，相呴以湿。相濡以沫，不如相忘于江湖？与其誉尧而非桀也，不如两忘而化其道。”德行充足的庄子，生命中自然地流露出了一种自足的精神的力量。他在躁动的年代难免有一种躁乱的心境，然而躁乱之后他却能够另辟蹊径，贡献出他在思想上的造诣。不慕名，不贪财，心怀坦荡地终其一生。他曾经当过蒙邑的漆园小吏，生活虽然拮据，但是他并没有因为贫困而接受楚威王的重金聘请，说明他在道德上是一位非常廉洁、正直，有相当棱角和锋芒之人。没有人会记得庄子贫穷的破衣烂衫，记住的是他在思想上所作出的贡献，他超脱的气节以及他留给后人的文学经典。他以他的自由之身换回了思想的千古流传。

不是每个人都能够如庄周般参透人生获得大彻大悟，也并不是每个人都需要遵循无为之思想，但是在为人处世上应该进退自如，“进则兼济天下，退则独善其身”。庄子并非是消极处世的，“在避世的生活中，寻找某种新的人生意义”是庄子的追求。作为现代人的我们，也应该本着这样的态度，修身养性，淡薄得失，“不从事于务，不就利，不违害，不喜求，不缘道”，超脱于欲求意外，保持一颗平常之心才能够有所作为。

名家点评

汪洋辟阖，仪态万方，晚周诸子之作，莫能先也。

——鲁迅《汉文学史纲要》

老子所贵道，虚无，因应变化于无为，故著书辞称微妙难识。庄子散道德，放论，要亦归之自然。申子卑卑，施之于名实。韩子引绳墨，切事情，明是非，其极惨礉少恩。皆原于道德之意，而老子深远矣。

——汉·司马迁《史记·老子韩非列传》

严光：不事王侯厌攀附，只愿耕钓富春山

人物浅谈

严光在归隐之前已久负盛名，他在学问、人品和道德文章之上都有着过人之处。年少的严光曾与汉光武帝刘秀一同游学，称帝后的刘秀仰慕严光的满腹才华和一身正气，进而对他恩宠有加，邀他一同治理天下，被严光断然拒绝。饱读诗书、学富五车的严光深知一切的祸害都是源于权力之争，如果天下人都甘愿去做农夫渔翁，不去争夺那代表荣华富贵的“赤符”，天下早就得以太平了。他虽然不侍奉光武帝，但是心系百姓，为饱受战乱的无辜民众痛心疾首。作为中国古代著名的隐士，严光承袭了许由、巢父等隐士的品德，视富贵如浮云，淡泊名利，坚持终身不仕，归隐富春山耕读垂钓。

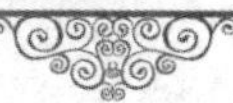
历史的躁动

隐士思想，自古以来都在传统文化精神中占据着重要的地位。在中国历史上，隐士实际上是操持和推动中国文化发展的幕后重要

角色，无论是小隐隐于山野，还是大隐隐于朝市，他们的动机都是高尚的，著名的思想家孔子也非常推崇伯夷、叔齐和吴太伯让位、退隐的做法，赞同其“贤者避世，其次避地”的作为。至于严光的不事王侯之举，也必然有其特定的历史原因。当时外戚王莽新政，刘秀复汉，为了皇帝的宝座浴血奋战，瞬间生灵涂炭，百姓无家可归，“采山中之蕨，捕水中之鱼，与山水为伴，涵养精神，远远避开了世上的战乱与纷争，安闲度日”。

严光出生于两汉相交之际，自小便聪慧过人，多才善辩，而且逻辑缜密多思。年少之时与汉光武帝刘秀一起游学各地，又同求学于太学府。直到王莽篡政，天下起兵，严光又开始攻习医学，博览群书。据说他精通岐黄，并且医术精湛，上通天文下晓地理，但是满腹经纶的严光却不愿做官。后刘秀即位，他便隐姓埋名隐居起来。因为仰慕严光的才能，光武帝命人依严光的形貌全国寻找。后在齐地有了消息，光武帝准备了车乘和礼物派人去请，请了三次才请到京师。旧识司徒侯霸差人送信于严光：“侯公听说先生到了，一心想立刻就来拜访，限于朝廷的有关制度不便，所以不能来。希望能在天黑后，亲自来向你表达歉意。”严光回口信给侯霸说：“君房先生：官位到了三公，很好。怀着仁心辅助仁义天下都高兴，拍马屁看人脸色这些东西你可全掌握了。”光武帝闻讯，当夜便去馆舍看望严光。严光睡着不起来，光武帝摸着严光的腹部说：“唉呀，严子陵，就不能相帮着做点事吗？”过了好些时候，严光才睁开眼睛说：“过去唐尧那样显著的品德，巢父那样的人听说要授给官职尚且去洗耳朵。读书人本各有志，何以要到强迫人家做官的地步？”光武帝叹息道：“严子陵，我竟然不能使你做出让步？”后又一次以交往旧事为由请严光入宫。严光与光武帝同枕数日，授予谏议大夫之职，不肯屈意接受。到建武十七年，再一次征召他，他还是没有去，就这样带着他的才能在富春山终其一生。

从长安出走时的严光，途经中原之时却发现荆棘满地，百里不见人烟，心中不禁悲凉，想起了圣人老子的慨叹：“师之所处，棘刺生焉。大军过后，必有凶年。”严光深知当时的苍凉境地都源自于对王位的欲望与争夺，在混战的15年之间，出于无奈他隐姓埋名，逃避战乱，不忍心看见深陷水深火热之中的苦难百姓。当刘秀终于用人民的血汗换回江山后，想借助严光这一代才子来巩固他的统治，严光心中满怀对黎民的同情、对战争的愤恨及无以言表的躁乱心绪，又怎会甘心为之所用呢？

今人品读

严光承袭了许由、巢父等这些古代隐士不爱慕名利、不侍奉权贵的品德，在那些有着高尚的品德并且年代久远的尧、舜英雄已经快要淡出人们的视线、被人们快要遗忘的时候，严光用他的一生把那精彩的一幕又重新上演了一次。他可以坦荡地走进皇宫，却一权不取一名不沾，不带走一丝富贵，使当时的人们重新又记起了那些令人肃然起敬的先哲。刘秀本想利用严光的才学稳固江山，却反被严光劝谏号召天下戒贪戒懦。他反而用光武帝的名望成全了自己的一世清名。一个亿万民众之上的皇帝也难以驾驭这自由高尚的灵魂。严光用这样的方式回击着那些不顾及生活在底层人民的统治者，他的内心因那份孤傲而变得狂躁，这是一种连至高无上的皇帝都无法驯服的躁动，他宁愿怀着自己那份才能在富春江边垂钓都不愿意趋附于朝野的势力。

时至今日，类似于严光秉性的也大有人在。他们都怀有一种孤傲的心境，面对纷杂的社会从不妥协，面对压制从不退缩。他们有着自己的信念，当面对自己不能苟同却又无能为力的种种事情之时，他们不会谄媚附和，会将自己的愤懑表露无遗，不会向权贵低头，不会向名利挥手，他们用一个严于律己的处世态度，另辟蹊径为社会尽自己的微薄之力。

名家点评

云山苍苍，江水泱泱。先生之风，山高水长。

——北宋·范仲淹《严先生祠堂记》

嵇康：能文通乐独任性，坦荡直言遭死劫

人物浅谈

嵇康是“竹林七贤”的精神领袖之一，也是著名的琴艺家和哲学家。他主张“越名教而任自然”、“审贵贱而通物情”。嵇康是一个极为有魅力的人物，在当时的整个魏晋时期的文艺界以及思想界中他都极富盛名。当然有的人觉得他放浪形骸，但是他们有所不知，他的放浪形骸只是一种外在的表现，他的内在是清高显扬的。可是他“刚肠疾恶，轻肆直言，遇事便发”的性格却给他的悲惨命运做了一些铺垫。他的心中有着一个纯净的社会，在这个社会中没有任

何的杂质，在这个社会中到处都是清泉花香，到处都是幽静。然而满眼是野蛮的屠戮、满耳是大众的悲鸣的现实社会带来的巨大落差，使他心力交瘁，变得精神癫狂。

历史的躁动

嵇康崇尚精神的自由，追求高古的人格，更不愿与当时的社会达成妥协，天生一副傲骨，不屈于俗，不慕于官，在一种懒散与自由之中孕育了他狂放和旷达的个性和行为。他生逢乱世，看多了世间的不平之事，狂放不羁的性格常使他以各种方式大泄胸中之悲郁，有明哲保身者，更有持“忍饥寒，我后当作三公”的陋志者。但是他始终保持一颗坚定的心，一篇《与山巨源绝交书》透过这铿锵的言辞已经有力地向所有人宣告了他对仕途的不屑。有人说人是矛盾的综合产物，并且历来最为矛盾的可能就是那些文人了，他们似乎一直在进行着自己心灵上的挣扎，在进与退之间，在生与死之间徘徊。当然也是在混乱的年代中形成的这种傲世躁乱的心态最终使嵇康踏上了不归之路。

嵇康年少时甚是聪明好学，学识渊博。史书上有云：他少有奇才，博览群书，无师自通，而且他十分爱好音乐，演奏古琴的技艺非常高明，是当时首屈一指的高手。“如抱琴半醉，酣歌高眠。又若众鸟翱翔，群乌乍散。”稽康的书法和诗也可以称得上大家。但是由于自己骄纵任性、不合群并且自由懒散的性格，深深地影响了他的为人，注定了他一生的悲剧。他幼年的时候丧父，所以就经常不顾一切地放纵自己“又纵逸来久，情意傲散”。他在年轻的时候傲世，对礼法之事更是不屑一顾。我们都知道嵇康喜欢喝酒，其实他的喝酒也是想借此来麻痹自己的心灵。他的一生中都弥漫着醇香的酒味，但他那在美酒中沉醉的灵魂挥之不去的依旧是死亡威胁的阴霾，他那潇洒的风姿之中也总是流露出一些痛苦挣扎的影迹。嵇康是那么地不屈于俗，一代名将钟会慕名往谒，却被拒之于门外。钟会在临走之时，也没忘记狠狠地瞪上两眼。于是嵇康就这样被推向了刑台，理由为“言论放荡，非毁典谟”。嵇康还写了一封绝交信给吕巽，以“绝交不出丑言”的君子风范，表达了对他这位朋友的愤慨以及失望。当然在历史中司马昭也曾想过要把嵇康收归到自己的帐下，但嵇康在当时的权力斗争中趋向曹氏一方，而对司马氏却采取了那种不合作态度，因此也颇招忌恨。细细说来，嵇康的率直性格虽然有自己的可爱之处，但是更多造就的是他的尘世的可悲的一生，而精神上的超越又成就了他的人格魅力。嵇康因吕氏兄弟一案仗义直言而惨遭灭顶之灾，但是他却并未怅然，他以他孤傲的一生向世人展示了他正直的身影和崇高的气节。最后一曲《广陵散》让时人感动，世人流传。

嵇康的一生虽然归隐，但是却不平静，他生得狂放，死得洒逸。他生不逢时，在政权更迭频繁的年代饱受战争之苦，看到了民间的疾苦，更领略到了朝廷中争权夺势的黑暗与残酷。他的内心是悲苦与愤懑的，但是更多的是无奈，孤傲的性格使他不肯向残暴的权贵低头，桀骜的态度使多少司马集团的人对他愤恨，然而这并不能改变他为人处世的初衷，坚定的信念和不屈的气节不仅在中国文人心灵史上留下深刻的印记，也为中国文学、哲学和美学平添了永不消褪的魅力。

今人品读

嵇康是一个伟大的隐者，但他却不甘沉沦，他是与司马集团抗争不屈的战士。犹如一只卓尔不群、傲立鸡群的野鹤，更似一枝出淤泥而不染的荷花。欲隐而不能隐，欲退却又不能退的境遇，使他的内心充满了躁动和矛盾。他本可以选择退而自全，但是文人的良知却告诉他不能违背正义。蔑视权贵的他，可以带着嘲讽的口吻问钟会："何所闻而来？何所闻而去？"当然也就是本身拥有的这种正义之感，让他有了不顾一切的勇气，让他可以潇洒地抛开那些名利的牵绊、感情的束缚，一篇《与山巨源绝交书》也是他这种坚守正义的最好的证明。虽然他知道人生短暂，自己也不知道何时才能看到司马家族的没落，但是他还是义不容辞地卷入了吕安风波。最终狂放不羁的他站在了刑场上，而他最后一次弹起的《广陵散》使无数的人为之深感悲切与愤懑。

嵇康并不是一个孤独单一的形象，而是一类人的代表。有着他一样秉性的人古往今来可谓大有人在，如屈原，再如秋瑾，他们都怀着一颗不畏强权的心，不怕牺牲，敢于为了自己所坚持、所选择的事业付出自己的全部，哪怕是生命。他们内心是狂躁的，是为那个年代而躁狂。在我们身边也有着类似于这样性格的人存在，他们都怀揣着自己的梦想，一直践行着自己设定的路线，坚定而富有耐力。我们要向古人学习那种对理想执着不妥协的精神，在这个和谐幸福的社会中保持着一份安定平和的心态，积极奋斗在我们理想的第一线。

中散不偶世，本白餐霞人。形解验默仙，吐论知凝神。立俗迕流议，寻山洽隐沦，鸾翮有时铩，龙性谁能驯？

——南朝·颜延之《五君咏》

吕安兄不道，都市杀嵇康。斯人死已久，其事甚昭彰。是非不由己，祸患安可防。使我千载后，涕泗满衣裳。

——唐·白居易《杂感》

两汉本绍继，新室如赘疣。所以嵇中散，至死薄殷周。

——宋·李清照《咏史》

李密：陈情一表司马泪，换得自保不违心

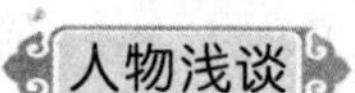

李密是著名的文学家，他所写的《陈情表》流传于后世，被传颂为孝道的典范。古人说，读《出师表》不下泪者，其人必不忠；读《陈情表》不下泪者，其人必不孝；读《祭十二郎文》不下泪者，其人必不友。由此可见李密的《陈情表》可谓是感人肺腑。然而以孝敬祖母而闻名的李密，在陈情一表的背后也掩盖着不愿违心出仕的心境。李密以一个亡国之臣的姿态对出仕新朝不能不有所顾忌，况且司马氏以屠杀篡夺得取天下，初仕蜀汉的李密对已故的河山更是念念不忘，再仕西晋使他内心一时之间难以接受，他的内心

躁乱而纠结，最终以祖母年迈体衰的理由安然地换回了自由之身。

历史的躁动

乱世出能臣，李密也是其中之一。李密自幼便境遇不佳，与祖母相依为命，因故对祖母十分孝顺，更以孝敬祖母而闻名。李密才华横溢，尤以文学见长，曾任蜀汉尚书郎。然而好景不长，蜀汉灭于西晋。成了亡国之臣的李密心中倍感痛惜，更为司马氏残暴地夺取政权深感鄙夷，一时之间李密躁乱的心绪难以收拾。而西晋的统治阶级为笼络人才，慕李密之名，下诏征密为太子洗马。李密百感交集，既不想违心出仕，亦不想因此被降罪而无法奉养祖母，于是便有了传诵于古今的《陈情表》。他的才华溢于言表且动之以情，司马氏最终为其真情所打动点头允诺，李密以他的智慧换得了几年自由。

李密自幼家境不佳，刚出生 6 个月便丧父，4 岁时母亲又被逼改嫁，他是由祖母刘氏抚养长大的。虽在年少的时候体弱多病，但是他却特别好学。那时候他师从于谯周先生，从而博览群书，“君子精敏、小人鬼黠”的蜀中人之智慧，润物细无声地培养了李密的文学才华与能言善辩的机智。幼年的困顿对于李密是坏事也是好事，便有了“却也并非完全的不幸，他也许倒成为更加勇猛，更无挂碍的男儿”的结论。成年的李密当过蜀汉尚书郎、大将军主簿、太子洗马，并且曾经多次出使东吴，他迅捷的辩才展露无遗。然而好景不长，灭蜀之战，汉中被破，出降，蜀汉灭亡，李密便也成了亡国之臣。征西将军邓艾急于稳定人心，招降纳叛，欲聘李密为主簿，李密自是力辞不受，因为邓艾集团的骄横早已让他胆寒。邓艾刚到成都之时是“蜀人称焉”，结果却是蜀人“有识者笑之”。后晋武帝诏征李密为“太子洗马”，诏书连下几次，郡县不断地催促。然而当时李密的祖母已经96岁，风烛残年，更亦有不愿出仕另事君主的心思，于是他上表以祖母年迈为由叙述自己无法应命的原因。这就是为后人所熟识的《陈情表》，它以侍亲孝顺之心感人肺腑，千百年来一直被人们传诵，影响深远。虽然李密在他祖母百年之后还是履行了承诺出仕为官，但是这也表明了李密的重情重义、不慕富贵的正直秉性，他以他的智慧与才能，更以自己的肺腑孝心得到了世人的肯定。

后世人读李密的《陈情表》，大都只能看到李密的尽孝之心。当然百善孝为先是一个不可改变的主题，李密的孝行，宛如石上流水，涓滴而下，将石头刻出了水的姿势。也正是“先尽孝，后尽忠”感人肺腑的语句使得司马氏为其真情所打动而落泪，非但没有追究他违抗圣命的罪过，反而为其孝敬之情所动容，由此可以看出李密的才华不是浪得虚名的。审视过这段历史的人才会懂得李密身为一个亡国之臣的心境是多么凄惨，他曾尽心事于蜀汉，亡国的打击，以及新主肆意的杀戮在李密的心中留下了不可挥去的浓愁，他本就无心出仕事于西晋。

今人品读

《陈情表》全文用了29个“臣”字，其中有27个“臣”字均是李密自称。在“普天之下，莫非王土；率土之滨，莫非王臣”的普适逻辑之下，这极大地使晋武帝感到舒心，从而消散了李密对出仕一再推托的积怨。在个人与国家之间，在孝道与尽忠之间，在亲情与君臣之情之间，李密曲折但又哀怨，《陈情表》达成了一种“无咎”的圆通态势，并且使自己那种不愿出仕的真实想法隐匿其中。这岂止是“千古散文绝唱”，实乃一个人子研苦胆为墨的“黑书”。李密是充满智慧的，当然他所书写的《陈情表》也是句句肺腑真言，动之以情的。但是区区一份“陈情”，不但可以让自己避开抗旨的死罪的危险，还能让君王的铁石心肠受到深深的感动，这并不仅仅是他文笔的魔力，更是他那高超的令人深思的处世智慧。

透过李密，我们首先要看到他身上的种种品质。他身上有两种“心”是我们做人所要基本怀有的：第一就是感人肺腑的孝心，孝道自古以来就是我们中华民族的传统美德，是永远不会改变的真情所在。第二便是忠心，李密的本心是不事二主的，迫于威逼，更考虑到年迈的祖母因而没有以身殉国，但是他内在的气节是高尚的，值得我们后人所称赞的。我们也应该看到他为人处世的人生智慧，同一件事情两个资质不同的人去做便会得到两种不同的结果，称心的结果总是需要在办事的风格和诉求的语言上有一些异于常人的智慧。如果没有人生的智慧，人的才能也就分不出三六九等了，所以学识和经验的积累是亘古不变的成长途径。因为人生需要智慧，生命贵于成长。

名家点评

历叙情事，俱从天真写出。无一字虚言驾饰。晋武览表，嘉其诚款，赐奴婢二人，使郡县供祖母奉膳。至性之言，自尔悲恻动人。

——《古文观止》

陶渊明：一身傲骨抛俸禄，归田还乡耕犁田

人物浅谈

陶渊明在历史上被称为“隐逸诗人之宗”。他的诗作开创了田园诗的体系，并且使我国古典的诗歌创作达到了一个新的境界。古往今来，太多的人欣赏陶渊明那种寄情田园、超脱尘世的处世哲学，更仰慕他淡泊名利、恬静自然、无人比拟的艺术风格。陶渊明年少时便有“猛志逸四海，骞翮思远翥”的大志，怀着“大济苍生”的愿望，出仕为官 13 年。这 13 年，是他为了实现自己“大济苍生”的理想愿望而不断进行尝试、不断地经历失望并且终至绝望的 13 年。一首《归去来兮辞》，表明他与上层统治者的彻底决裂，不与那些世俗同流合污的决心，当然也就结束了他为了仕途而奔波彷徨的命运，义无反顾地让自己走上了归隐田园的道路。

历史的躁动

陶渊明有着“不为五斗米而折腰”的傲骨。在《归园田居》中，诗人歌道：“少无适俗韵，性本爱丘山。误落尘网中，一去三十年。羁鸟恋旧林，池鱼思故渊。久在樊笼里，复得返自然。”短短几句，对仕途的厌恶之情溢于言表。他的壮志无法得以施展，且不得不在苟合取容中降志辱身与一些官场人物周旋委蛇。这一切使陶渊明变得躁乱不堪，最终绝望。因“质性自然”，“本爱丘山”，视仕宦之途为樊笼的陶渊明最终选择了辞职归隐田园。他抛离了尘世的繁杂，回归了自然。后人总结："其隐逸文化总的风格有三：其一是柔，其二是淡，其三是远。"

陶渊明出身于破落仕宦家庭。年幼之时家境衰微，9岁丧父，生活窘迫。受时代思潮还有家庭环境的影响，使他接触并接受了儒家和道家两种截然不同的思想，培养了"猛志逸四海"和"性本爱丘山"的两种不同的志趣。他是我国第一位田园诗人。曾任江州祭酒、建威参军、镇军参军、彭泽县令等，后弃官归隐。在官场摸爬滚打13年看到了统治阶层的不公和黑暗，看到了权力之争，看到了欲望驱使下人性的残暴，更领略了为了争夺权力的血腥杀戮。这些种种匪夷所思的现象，使他感到无奈与痛楚。他感叹道："我岂能为五斗米向乡里小儿折腰！"陶渊明13年的仕宦生活，最终以自辞彭泽县令而终止。最后以一首《归去来兮辞》表明了自己与上层统治者的彻底决裂，不与世俗同流合污的决心。辞官归里后的陶渊明过着"躬耕自资"的生活。因为他所居住的门前栽有五棵柳树，故又被人称之为五柳先生。夫妻二人志同道合、安贫乐贱，"夫耕于前，妻锄于后"，共同劳动，维持生活，与普通的劳动人民生活日益接近且息息相关。这样的生活经历为他日后田园诗的创作积累了素材，他的诗淡泊渺远、恬静自然、无与伦比，为后人所称颂。

多年来的为官经历让他的思想发生了本质性的变化，他的入世与出世可以说都与当时的社会现实有关。政治上的篡夺和杀伐使他逐渐形成隐逸的品格。先前的雄才大志被打击得所剩无几，他也结束了对仕途的努力和曾经那些出现在自己生命中的彷徨，最终毫不留恋地走上了归隐田园的道路。开始转向农田的躬耕，过着自给自足的生活，以追求心灵的宁静和澹泊。最终他达到了心灵发展的真正和谐的境地，在诗歌创作上独树一帜，开创了田园诗这个诗歌的新境地。

今人品读

陶渊明的内心世界非常地丰富，在他豁达的人生观之中也深藏着沉郁底色，在超然之中也静流着自己的凝重激情。他的这种淡泊便是魏晋风度的绚烂之极。在他的意识里，道只是表象，儒才是本源。他是一种中国历史文化的果实。陶渊明的隐逸，其实在某种程度上说，并不是陶渊明疏远了他的世界，而是他的世界遗弃了他。自始至终，陶渊明就难以适应他的现实世界，这也正是他的伟大之处。他所生活的时代着实是一个乱世，他选择了自己对现实的拒绝。拒绝是一种权利，更是一种勇气。陶渊明通过自己的行动拒绝了一个物质的世界，也拒绝了一个他无法适从的世界，他把自己的立足点落在了自己内心的田园。我们需要的不仅仅是改天换地的英雄，我们也同样需要滋润灵魂的诗人。有时给予也是一种强加的苦难，把纷扰的社会强加于他并不会给他带来欣喜，而更多的是搅乱了一个原本平静的心和玷污了一个原本纯洁的灵魂。陶渊明重新回到他热爱的大地，即便生活贫苦，但是他的心里是满足的。

在我们的身边，如同陶渊明怀有一身傲骨的人数不胜数。人的一生最快乐的事无非就是做自己喜欢做的事情，人应该有自己的选择、心灵的选择。人生的路上充满了荆棘和诱惑，当我们的追求与困难和诱惑发生了碰撞，一些人便会因为恐惧困难而放弃了追求，还有一些人面对诱惑时丧失了理智，被利益牵着鼻子走，真正剩下的这些人才是怀揣梦想的人。他们执着于追求，为的只是自己那颗宁静的心，他们不畏惧强权，不贪慕名利，执着坦荡地行走在人生的道路上，使人们敬仰。

名家点评

晋人多放达，独渊明有忧勤语，有自托语，有知足语，有悲愤语，有乐天安命语。

——清·沈德潜

自然界是他爱恋的伴侣，常常对着他笑。

——梁启超

陶弘景：朱门闭影不闻外，归隐彻悟宏愿心

人物浅谈

陶弘景博学多识，他读过的书超过万卷，并且关于六经诸子百家无所不通，是个有才有德之人。他的一生历经宋、齐、梁三朝，在那个政权交替、时局动荡、战争迭起的年代生活的陶弘景可谓是生不逢时，加之仕途多有不顺，家中事故不断，乱其心智，费其心力，如此积年累月，使他渐觉彻悟，便萌生了隐居修行的念头，于是就脱下了自己的朝服，从此隐居到山林，专心修道，也就完成了他人生道路上的由入世到出世的重大转变。然而隐居的生活并不能够从此淹没才华横溢的陶弘景，梁武帝礼遇陶弘景，以书信相互交

流，终使其以出世之身做起了入仕的事业，以至于最后博得了“山中宰相”的美誉。

历史的躁动

陶弘景所生活的南北朝是古代历史上的分裂时期，那个时期，政权交替非常频繁，并且时局动荡，战争也是连年不止，这些都一直压抑着他的神经。最终“石头城政变”惨败收场，后来加之求仕的艰辛以及他家庭的种种不幸，这一连串的打击更使得陶弘景原本压抑的心情变得更加身心疲惫，以至于“于石头城大病七日，自此形神大变”。他知道自已对仕途原本所抱的希冀“期四十左右作尚书郎”已幻化成泡影，躁乱的心境中不免迸发出生不逢时、怀才不遇的感慨。皇室宗亲骨肉的相残，官场更是危机四伏。“邦无道则可卷而怀之”，不免流露出倾慕隐逸生活的情绪。经过一番心灵挣扎，陶弘景便毅然辞官，开始入山修道，自此再未出仕。

陶弘景第一次投身于政治斗争时年仅 22 岁，当时废帝刘昱被谋杀，刘準登基为宋顺帝。但是掌握实权的是录尚书事萧道成，并预谋发动政变，篡权夺位。当时的陶弘景出于忠君和建立功业的热情，积极地参加了司徒袁粲和尚书令刘秉等人起兵于石头城进行讨伐萧道成的队伍，并且与人一并起草了讨伐战斗的檄文。然而，由于萧道成的势力强大，讨伐的斗争很快失败，袁粲、刘秉及其子均惨遭杀戮，在混乱之中陶弘景得以侥幸逃脱。政治上失败的血腥代价，不仅打击了他，更是警醒了他妄想通过政治上的“立功”而走向仕途的道路是行不通的。几年后陶弘景的父亲也不幸被其所纳之妾害死。由此所看到的人心阴险毒辣，给他的心灵更是造成了极大的伤害。自此之后，他发誓“终身不娶”。三年的服丧期满，本该正式被任命官职的陶弘景，却只被齐武帝封为左卫殿中将军。这使他幡然醒悟，得知萧氏并未解除对他的戒心。不久后其母病逝，陶弘景因丁忧三年而失去了升迁时机。服丧期满后，也仅仅获得了一个徒有虚名而无实权的“奉朝请”。至此仕途的诸多不顺使他毅然辞官隐居。直到梁武帝时，对他的盖世才华钦佩之至，多次派人请他出山辅政，陶弘景都断然拒绝。但是每遇军国大事疑义难决时，梁武帝都会“书问不绝，冠盖相望”。陶弘景虽然隐居于深山，并无一官半职，却仍能“知时运之变，俯察人心，悯涂炭之苦”，正因如此萧衍待他“恩礼愈笃”。在当时人们的心目中，陶弘景俨然已经是朝廷大政的决策人物，因而有了“山中宰相”之誉。

陶弘景的一生是坎坷不平的，他生活于中国古代大分裂的动荡时期，可谓生不逢时。他一心想为朝廷贡献自己的才华，却遭受猜忌，不受信任，不被重用，可谓是怀才不遇。生活环境的不平静，政治上的不得志，家庭中的不幸也一并刺激着他，他的精神早已被躁乱的心绪搅动得濒临崩溃，毅然决然地隐于山林。然而当他获得了一份内心的平静之后，梁武帝的赏识却给了他春风般的抚慰，他虽再未出仕，但是却做上了“山中宰相”，对于他所怀有的才华也算得上一份慰藉。

今人品读

36 岁便辞官隐居的陶弘景在此后的 40 余年中再未出仕，在他尚未隐居之前，汲汲于功名利禄，壮志难酬却处境窘迫。但是谁知道一旦归隐，他的人生反而开始了转变，名誉也慢慢地传开了，并且成为了超尘绝俗的名士，深受人们的敬重。隐居于山林的他拒绝了一切邀他为官的机会，在官场之外的陶弘景早已不愿再次置身于血腥腐朽的官场之中，更不愿意看到那样残酷的政治屠杀。他看透了政治争斗的残忍，下定决心不再卷入其中，而是全身而退，从其所好，将自己的精力和时间投入到喜欢的修道中去。可是陶弘景也有着追求真实、进行实证的精神，更有着恋世情结，陶弘景是既出世又入世、身在山中心在魏阙的中国隐士文化中的典型奇人。他在很多方面作出的那些突出的贡献，确立了他在中国历史文化中的重要位置，尤其是所谓的“山中宰相”，古今就他一人而已。

陶弘景是令我们后世所敬仰的隐士，他的才华和气度是令所有人所钦佩的。倘若没有生于那个纷扰复杂的时代，他的一生或许并不会那么悲切与纠结；倘若他的才华都可以被梁武帝这样的君主所珍惜，他或许也不会隐于山林，必然会在政治上有一番大的作为。然而历史没有如果，值得庆幸的是隐于山林的他在后来的时间里既能够闲云野鹤般地生活，同时又可在暗中帮助梁武帝出谋划策，使其才华得到有效的利用，并且以“山中宰相”的美誉而著称于世，使后人也得以传承。

名家点评

圆通谦谨，出处冥会，心如明镜，遇物便了。

——《梁书·处士传》

陶弘景生在中国古代数百年大乱绵绵不止的魏晋南北朝后期，毕生在假、恶、丑的大环境中闪转腾挪，一心追求真、善、美，陆续在广泛的领域取得了多种多样的突出成就，名重当时，并给后世留下了深远的影响。

——钟国发《陶弘景评传》

卢藏用：醉翁之意不在酒，随驾隐士终出山

人物浅谈

卢藏用出身于名门大族，他精通琴、棋、书法，被当时的人称之为“多能之士”。高中进士的卢藏用却得不到朝廷的任遣，心中自然万分焦急，躁乱之中的他隐于终南山之上。但是心怀大志的卢藏用并不是真的甘心做一名隐士，入仕为官是他毕生的梦想。他是一个颇有心计之人，卢藏用选择了隐居作为自己入仕的捷径，“隐”是为了“显”，“藏”是为了“用”。卢藏用隐于皇城边的终南山时就暴露了他的心机，借隐居之名使自己名声大噪。又因追随皇帝而就近归隐，便又有了“随驾隐士”的称号。后世人用“终南捷径”这个词来比喻求官可以走的最近的门路，也用来比喻可以达到自己目的的一种便捷途径。

历史的躁动

唐代的卢藏用是由隐而仕的一个典型代表，新、旧《唐书》中把他归结为假隐士之列，并且与他有关系的“终南捷径”这一词也成了人们求利、入仕所寻求的便捷途径的代名词。自上古时期以来，隐逸便是中国士阶层特有的一种社会文化现象，在传统的隐逸文化中有着政治无道、避祸全身的无奈和洁身守道的积极意义。这些真正的隐士“身藏而德不晦”、“挈治世具弗得伸”、“资槁薄、乐山林”、不畏强权、淡泊名利，因而深受广大人民所推崇。然而卢藏用的隐逸却暗藏心机，他以退为进、以隐求官，其政治目的性显而易见，其躁乱急于求官的欲望令人一眼望穿。但是卢藏用的终南捷径走得并不那么顺畅，欲望的驱使最终让他成为了后世讥诮的对象。

出身于大族的卢藏用，是个“多能之士”，高中进士后却不被赏识，躁动的心绪难以平复，留下一篇《芳草赋》后就归隐于终南山，在山中学习道术消磨时间。但是胸怀大志的卢藏用怎会甘心做隐士和道士，颇有心计的他是以退为进，“隐”是为了“显”，“藏”是为了“用”，卢藏用选择了以隐居作为自己入仕的路径。要知道在古代，若是一个人下定决心做了隐士，时人便会觉得他淡泊名利，是一个道德高尚的人，德高望重之人便会有人举荐为官。正是出于这样的心理，卢藏用才躲在山中沽名钓誉。卢藏用苦心孤诣地在山中等待了几年。皇帝在长安，他便隐于终南山；若是皇帝移驾到洛阳，他就跟着跑到嵩山去隐居。醉翁之意不在酒的别有用心就这样显而易见了，有人赠他“随驾隐士”的外号。最终武则天知道了卢藏用的存在，终于请他出山，赏给了他一个左拾遗的职务，不出几年又做到了吏部侍郎。卢藏用虽然就这样遂了自己的心愿做了官，但也正是这样他把自己的那些人性上的弱点暴露无遗。据说在他做吏部侍郎时，面对各路权贵跑官要官的行为，丝毫没有作为，不仅不是高士，而且品格也是非常卑污的。史书中说他“趑趄诡佞，专事权贵，奢靡淫纵”，可见利欲熏心下的他根本无心为事，只为了名与利。再到后来，玄宗就以曾经追随过太平公主为理由，将他流放到了广东，以示惩戒。卢藏用晚节不保，煞费苦心的仕途就此败落。

卢藏用可谓是典型的假隐士。名利早已经在他的心底占了上风，为了能够抚慰他为名利而躁乱的心境，可谓费尽心机，他假借高洁的灵魂去达到他的政治目的。这种行为不仅为后世人所唾弃，也为当时的人们所鄙夷。据说有一次，卢藏用手指着终南山这个地方向道士司马承祯夸耀道："此中大有嘉处。"但是这位道士在深知他的为人后还是毫不客气地答道："以仆视之，仕宦之捷径耳。"（在贫道看来，山里风景大可忽略，重要的是山中有一条通往官场的捷径。）此话一下子戳穿了卢藏用的假面具，令他难堪不已。不知这个费尽心机，却失势而终的卢藏用之后会不会有一丝的悔悟之心呢？

今人品读

卢藏用借用天子脚下的终南山一"隐"成"名"，他也"隐"出了一条成语"终南捷径"，并且一直流传沿用至今。其含义也早已经不再局限于谋取功名，而多用来指代为达到某种目的的便捷途径。在当时社会，对于统治者而言，征召隐士来朝中为官，不仅可以为隐士提供出仕做官、参与政治的机会，并且还可以用这样的方式达到笼络人心的目的。统治者招贤纳士，让朝廷的人才济济，当然也有心想借他们的那种归隐的平淡心境来消弭当时官场上的一些奔竞之风，同时还可以表明其统治英明、政绩卓著。可是隐士入朝，也有时候会被一些有心计的人们利用，当作了自己出名升官的一条捷径。"君之隐为假，用为真，天下名山多多，君独选终南，走捷径而已"。卢藏用当时就利用了统治者这样的心思最终获得功名，但是贪婪的人是很难把握住度量的，他最终也由于过盛的欲望而失去了他所追求的。

走出历史，放眼现在的大千世界，走捷径似乎已经不再是什么稀奇的事情了，它早已发展壮大到社会各个领域，渗透到人们日常生活的方方面面。面对诱惑，人们总想着要得更多；面对权力，人们总想着爬得更高。人们总想着少走路多办事，殊不知这样的思想是害人害己的，被欲望遮住双眼的人是很容易跌入悬崖的，想通过捷径获得成功，最后只能是无路可走。就如同建造楼房，空中楼阁的高度与普通楼阁是一样的，但是它却没有普通楼阁的根基，没有普通楼阁的稳固，更不如普通楼阁能够经得起时间的考验。所以为人应该踏踏实实，保持着一颗平静而不浮躁的心，稳妥地做好手中的事，按部就班地走完人生。

名家点评

北登蓟丘望，求古轩辕台。应龙已不见，牧马空黄埃。尚想广成子，遗迹白云隈。

——唐·陈子昂《轩辕台》

顾炎武：一生坎坷心意衰，累拒仕清至终年

人物浅谈

顾炎武是我国古代非常有名望的思想家、史学家以及语言学家，在历史上与黄宗羲、王夫之并称为明末清初的三大儒。顾炎武在早

年的时候就与自己的好朋友归庄、吴其沆一起加入了复社，并且两个人因为个性比较独特耿直，所以当时的人就称他们两人为“归奇顾怪”。他以为“八股之害”，自27岁起，断然弃绝科举帖括之学。面对当时黑暗的社会现实，顾炎武认为当务之急在于探索“国家治乱之源，生民根本之计”，开始撰述《天下郡国利病书》和《肇域志》。顾炎武一生坎坷，他尽心辅助过南明抗清最终失败，经历了令之痛心疾首的家族风波，也有过意外的牢狱之灾，国事、家事这种种不幸怎么还能使顾炎武心境平和呢？终生不事二主的他以“愿以一死谢公，最下则逃之世外”拒绝了清廷的多次征召。

历史的躁动

顾炎武生于明清相交的动荡年代，他学识渊博，却一生坎坷。他以倔犟的性格和博学的才识面对着当时黑暗的社会现实，顾炎武提出了“明道救世”的经世思想，这一思想最为突出的是他提出了“天下兴亡，匹夫有责”的响亮口号。他的一生所有的事业都围绕着复辟明朝，他有一生不事二主的忠诚之心，也无法忘记清军铁蹄下惨死的亡魂，更不会忘怀生母弥留之际的言语。然而明朝灭亡清朝日益蓬勃已是一个不争的事实，现实生活的境地使他深深地陷入痛苦之中，加之一生种种的不幸使他的心绪躁狂，他把这所有的不幸都归结于清军的入主中原，他以那一副傲骨多次拒绝入仕效力于清廷，以此来宣泄自己的愤恨。

顾炎武一生最大的不幸就是经历了山河破碎江山易主。清廷入关后，顾炎武投入南明朝廷，任兵部司务。顾炎武把一雪国恨家仇的希望寄托在了弘光小朝廷之上，他满腔热忱，“思有所建白”。然而不久南京即为清兵所攻占，弘光帝被俘，南明军崩溃，顾炎武投笔从戎，参加了佥都御史王永柞为首的一支起义军，为复辟明朝的大业日夜奔波。虽然弘光及闽浙沿海的隆武等南明的政权先后被瓦解，他亲身所参与的一些抗清活动也连连受挫，但是顾炎武并没有因此而变得颓丧。他把自己比作填海的精卫："万事有不平，尔何空自苦，长将一寸身，衔木到终古。我愿平东海，身沉心不改，大海无平期，我心无绝时。"顾炎武在各地游历，以结纳更多的抗清志士，并且考察中国山川的形势，随时为了复明大业而做着准备。顾炎武的才学为清统治者所倾识，当顾炎武游历京师时，熊赐履设宴款待，并且邀请他一并修缮《明史》，顾炎武拒绝说："果有此举，不为介之推逃，则为屈原之死矣！"经年之后康熙帝开博学鸿儒科，招致一些明朝遗民，顾炎武三度致书拒方蔼，表示"耿耿此心，终始不变"，以死来坚拒推荐，还说："七十老翁何所求？正欠一死！若必相逼，则以身殉之矣！"又一次清廷开明史馆，顾炎武以"愿以一死谢公，最下则逃之世外"断然回拒了熊赐履。

顾炎武是一个重情重义，有忠心、有胆识的才子。早年的他虽不拘泥于八股文学，不得重用，但他潜心研究学识。清廷入关后，他怀有一腔热血，投笔从戎为明朝而尽心力。面对着江山易主的悲惨境地，看到了惨遭杀戮的士兵和无辜百姓，顾炎武痛心疾首。他的内心是憎恨的，更是躁乱的。他怀着一颗赤胆忠心积极地践行着反清复明的大业，当清廷向他发出邀请，威逼利诱时他以死来拒绝举荐。他以一个亡国之民的身份审视着自己，审视着易主的江山，虽然到死他都没能达成他复明的夙愿，但是他的精神犹存，他提出的"天下兴亡，匹夫有责"的口号永远铭刻于每个人的心中。

今人品读

顾炎武的一生都在为了他复辟明朝的目标而奋斗，那是因为他看到了清军入关时残忍的杀戮，山河破碎，生灵涂炭，侵略者的步伐踏遍了他心爱的整个国土，同样也踏碎了他那颗爱国的心。他更忘不掉当他母亲王氏听到明亡消息时绝食殉国的那一幕，临终嘱咐他的话也犹在耳畔：“我虽妇人，身受国恩，与国俱亡，义也。汝无为异国臣子，无负世世国恩，无忘先祖遗训，则吾可以瞑于地下。”这样的经历深深地把复兴明朝的目标刻在了他心里。“天下兴亡，匹夫有责”在他心里绝对不是一句泛泛的空话，在顾炎武的一生中，也确实是以“天下为己任”而奔波于大江南北。即使他在病中，还在呼吁“天生豪杰，必有所任……今日者，拯斯人于涂炭，为万世开太平，此吾辈之任也”，他一生凭借着自己的才气多次受清廷委征召但是次次都以严厉的态度予以回绝。虽然他的期望直到他死的那一刻都未能达成，但是他那份爱国的气节使古人敬佩，使今人慨叹。

生不逢时并不是不能成就大业的理由，所谓“乱世出英雄”就是这个道理。顾炎武就是一个英雄，他凭借自己的力量尽心尽力地为了他的理想而奋斗。古往今来，类似于顾炎武秉性的人也大有人在。无论生活在哪个年代，人们都应有一颗忠义之心。除此之外更要有一个对理想孜孜不倦追求的信念，这也是我们所不可或缺的。遇到不幸与挫折时不要以一种躁乱的心境做出与初衷相背离的事情，沉着和冷静才是成事条件中所必备的。

名家点评

先生精力绝人，无他嗜好，自少至老，未尝一日废书。

——清·潘次耕

精研古经义声音训诂之学，旁及壬遁太乙星命，靡不博综而深究焉。

——吴派大师

稽古之学，必确得古人之义例，执其正，穷其变，而后其说之也不诬。政事之学，必审知利弊之所从生，与后日所终极，而立之法，使其弊不胜利，可持久不变。盖未有不精于稽古而能精于政事者也……盖先生于语言文字剖析如是，则于经传之大义，必能互勘而得其不易之理可知。其为政亦必能剖析利弊源流，善为之法又可知。

——清·阮元